U0067473

管教孩子的16高招

第二版

第一冊

如何培養孩子良好的行為

How to Manage Behavior Series

Sebastian Striefel、R. Vance Hall、Marilyn L. Hall、
Teodoro Ayllon、Marion V. Panyan　著

吳武典　主編
盧台華、張正芬、邱紹春、周天賜　譯

How To Manage Behavior Series

Second Edition

Sebastian Striefel

R. Vance Hall

Marilyn L. Hall

Teodoro Ayllon

Marion V. Panyan

<u>目錄</u>

主編簡介

吳武典 | 學歷：美國肯塔基大學哲學博士（學校心理學）
現職：國立台灣師範大學特殊教育學系名譽教授

譯者簡介

盧台華 ┃ 學歷：美國奧瑞崗大學哲學博士（特殊教育）
┃ 現職：國立台灣師範大學特殊教育學系教授兼特殊教育中心主任

張正芬 ┃ 學歷：日本國立筑波大學教育碩士（特殊教育）
┃ 現職：國立台灣師範大學特殊教育學系教授

邱紹春 ┃ 學歷：日本國立筑波大學教育碩士（特殊教育）
┃ 現職：國立台灣師範大學特殊教育學系副教授（退休）

周天賜 ┃ 學歷：美國北科羅拉多州立大學教育博士（特殊教育）
┃ 現職：國立台北教育大學特殊教育學系副教授（退休）

原編者序

　　第一版的行為管理系列（How to Manage Behavior Series）於十五年前發行，乃是針對行為治療及教育訓練人員教學與輔導上的需要，出版後廣受治療及訓練人員的歡迎。但他們也普遍覺得有必要為家長、教師和學生撰寫一套較為通俗的指引，以輔助訓練和治療的進行。基此，本修訂版乃更換或增加若干單元和內容，以符合使用者的需要。我們希望新增的單元使本系列叢書更具有實用性。

　　本叢書得以發行，特別感謝 PRO-ED 公司的副總裁 Steven Mathews 先生。他在修訂的過程中提供了很多寶貴的意見，正如第一版編撰時 H & H 公司的 Robert K. Hoyt 先生一樣，提供許多有益的協助。

　　這套叢書是設計來教導實務工作者（包括家長）如何管理孩子、學生和員工行為的各種方法，而這些行為可能在家裡、學校或職場造成干擾或破壞。本叢書儘量避免專門術語，每個方法都明確界定，每個步驟都敘說清楚，並且輔以實例和練習，便於讀者以口語或書寫作實務演練。

　　本叢書中設計的練習作業，宜在有人指導的情況下進行，通常是由具有行為科學背景的專業人士擔任指導工作。

　　本叢書的各篇格式相似，但在應用時得隨教學或訓練的情境之不同作彈性的調整。

　　一如往昔，我們歡迎您的提問、批評和指教。我們最高興的一件事莫過於聽到您應用本叢書後，成功地改變了自己或他人的行為，而使生活更有樂趣、更有效率、更有目標。

R. Vance Hall

Marilyn L. Hall

主編者的話

　　從未涉世的孩子就像深山中的璞玉，而父母與師長就好像求好心切的雕刻師。這塊璞玉將來是被雕塑成藝術精品，抑或是不成材的劣品，端視為人父母與師長的用心與手藝而定。然而，一般而言，父母與教師經常是用心有餘而手藝不足，空有豐沛愛心而無實用技巧，以致於在教養孩子方面，雖然竭盡了心力，卻得不到預期效果，直怨現代孩子難教。

　　坊間談如何管教孩子的書籍很多，各有其見解，所倡導的方法也各有特色。然而，能把重要而有效的方法集其大成，供老師與家長靈活應用的卻是不多。因此，當十六年前初次見到這套由美國四位教育名家（N. H. Azrin、V. A. Besalel、R. V. Hall 和 M. C. Hall）編輯而成的十六本行為管理手冊時，不禁欣喜萬分，如獲至寶，特約請學有專精、年輕有為、均具教育碩士或博士學位的專家翻譯出來，彙成《管教孩子的 16 高招》實用手冊，以饗讀者，果然廣受歡迎。

　　今日這套叢書第二版由參與第一版編輯的著名學者 R. Vance Hall 和 Marilyn L. Hall 主編，除了他們夫婦（皆堪薩斯大學教授）親自撰著五本之外，另邀請了 S. Axelrod、T. Ayllon、N. H. Azrin、D. M. Baer、V. A. Besalel、K. Esveldt-Dawson、R. V. Houten、A. E. Kazdin、M. V. Panyan、A. Rolider、S. Striefel 和 S. F. Thibadeau 等十二位名家執筆修訂。心理出版社繼續取得美國 PRO-ED 出版公司的授權，仍由個人邀請原譯者群（盧台華、張正芬、邱紹春、蔡崇建和王文秀等教授），加上周天賜教授、邱曉敏博士和王宣惠老師，共襄盛舉，譯成中文在台發行。新版仍維持十六個單元（十六招），整合在培養良好行為、維持良好行為、改變不良行為及培養自導能力四大主題下。與第一版相較，新版約有三成的變化，包括增加三個全新的單元：「如何提醒而不嘮

叨？──提醒策略的應用」、「如何運用團體的動力？──團體增強策略的應用」與「如何使孩子對自己的行為負責？──自負其責策略的應用」，刪除了三個原編者認為較不急需的舊單元：「如何培養孩子良好的行為？──『逐步養成』策略的運用」、「如何加強孩子的語言能力？──『隨機教學法』的運用」與「怎樣罵孩子？──『斥責』技巧的運用」。其餘各單元的內容亦多少有所修正或增益。這些調整的主要目的是納入更多學理依據和實務經驗，使新版書顯得更為適切、更為實用。

這套叢書得以順利付梓，除了要感謝譯者們的用心，還得感謝心理出版社的大力支持，尤其林敬堯總編輯的頻頻催促、協助策劃和高碧嶸編輯的細心校稿，最令人難忘。

這套叢書定名為《管教孩子的 16 高招》，共分為四冊十六篇，包括：

　　本套叢書以理論作基礎、實用為依歸，每篇都有策略、實例、基本步驟及注意事項的生動說明，並有練習作業供實際演練，最後有總結，實為教師輔導學生、父母管教子女的最佳指引，其原理與技巧亦可供工商企業員工訓練之用。

吳武典

2010 年 11 月 30 日

於國立台灣師範大學特殊教育學系

大人如何以身作則？

——示範與模仿的教導策略

S. Striefel◎著
盧台華◎譯

引言

　　一般正常發展的幼兒最早使用的一種學習策略就是模仿父母或照顧者的行為。研究指出一個月大的嬰兒即會模仿母親的臉部表情（Azar, 1997），隨著模仿愈來愈多藉由視覺與聽覺表現的複雜行為，幼兒會在極短的時間內學會許多的新行為。事實上，如果不模仿聲音，沒有人會正確地說話；而缺乏仿寫文字及數字的練習，更無人能學會正確地書寫文字及數字。因此，模仿範本可說是最需要也最有效的學習策略，而模仿更是每個人一生中能用來學習新技巧所需的能力。

　　有些兒童沒有辦法自行學習模仿的技巧，包括一些有感官障礙（如視障、聽障）、神經心理障礙（如注意力缺陷）、發展遲緩、或在模仿過程中未得到良好回饋及行為後果的兒童。例如發展遲緩幼兒即使有正常的父母也可能因無法模仿而造成行為異常。多年來的研究顯示經由系統化的教導過程，無法自行模仿者也能學會各種行為模式，且因此能習得經一次演練即學會的策略（Striefel, Bryan, & Aikins, 1974; Striefel & Eberl, 1974; Striefel, Wetherby, & Karlan, 1978）。在這種學習過程中，受輔個案會被系統化地教導模仿行為，而當他們能模仿甚或有演練模仿的

企圖時，就會得到稱讚、回饋或其他有計劃的酬賞，因此模仿學習經由系統化的教導後，甚至最後只需經過一次的練習即能成功。

這個世界上充滿了各式各樣的範本，我們皆由此學習。惟有些範本是「適當的」，有些卻「不適當」，故了解與教導兒童運用示範與模仿及辨別「好」與「壞」的範本，便成為相當重要的課題。因此，協助他們了解如何模仿周遭人的行為、如何運用示範原則來教他們從事我們想要其模仿的行為亦愈形重要。

本章是為父母、教師及所有想要運用示範與模仿（modeling and imitation）進行教學的人編寫的。內容涵蓋了理論、實施過程、實例與實際的作業練習，用以協助讀者了解與學習如何使用這兩項技術。

文中的一些練習題係提供給想要了解及運用示範與模仿方式，以獲得與教習新技巧的人練習用的。本篇可在自習、研討或在專家指導下使用，如果在練習時有錯誤，請再重讀本篇的相關部分或請教專家，並再重做一次習作以達熟練，可藉由面談、書信或電話方式獲得回饋。

大部分的人在熟讀本章所提供的概念後，均能不靠協助即會使用示範與模仿的技巧學習新知能，此外亦可藉由閱讀其他冊相關概念與敘述，以引發模仿行為。

定義

「範本」（model）這個名詞可泛指示範者（如訓練者、父母或其他兒童）或指要被模仿的行為。所謂行為範本是指訓練者展現而希望學習者（如學生、受輔者、兒童等）能產生的一種動作或語言行為，亦是指學習者在訓練方案執行過程中隨時被期待產生（做或說）的行為。當學習者逐漸能模仿產生該項行為後，範本即需慢慢褪除，而學習者必須牢記在沒有範本（提示）的情況下該如何說及做。範本可分為兩種不同的形式，一種為有計劃的範本，另一則為未經計劃的範本。

有計劃的範本

事先安排好俾利於教學的範本就屬此類。一般而言，必須有預先安排好的提示來幫助個人了解他應該說或做些什麼，而且這種範本是看得見的（訓練者做出受輔者要做的動作）或聽得見的（訓練者說出受輔者要說的事物）。有計劃的範本可用來教導簡單與複雜的行為。

未經計劃的範本

這類範本是指個人在日常生活環境中正在進行的一些行為，這些行為並未經過系統化的組織直接用於教學中。由於個人是經由觀察周遭的行為而學習的，因此任何一個人的行為無論好與壞，都可說是一種範本。由於父母並未注意到其他人會表現出這種未經組織的範本，因此往往想不通孩子是從何處習得這些父母從未有過的行為。未經計劃的範本雖然無法完全避開，但父母、老師及社會人士都希望能儘量限制兒童與青少年接觸到不良的範本（如暴力電視節目）。此外，讓他們了解為什麼父母或教師認為這些範本行為是不適當的原因也很重要，對年幼的兒童只要用很簡單的解釋，如「我們不該打人，因為別人會受傷、會痛，還記得小明打你時有多痛吧？」但對較大的兒童的解釋就要複雜多了，可能需要包括對與錯的討論。

示範與模仿

示範是指一種經由訓練者展示而希望學習者習得的行為歷程；模仿則是在學習者說出或做出與訓練者所做相類似的行為時產生的。換句話說，模仿是表現出與先前示範的特定動作或特定聲音相類似的行為。由於經常會發生延宕的模仿（當範本不再出現時所產生的模仿行為），因此模仿一項示範性行為的動作並不需要立即產生。此外，模仿的精確性可能因年齡與技巧層次的不同而有所差異，可能有些人僅能模仿示範行為中的某些部分。

▲請用你自己的話，為下列概念下定義：

範本：＿＿＿＿＿＿＿＿＿＿＿＿＿＿＿＿＿＿＿＿＿＿＿＿＿

＿＿＿＿＿＿＿＿＿＿＿＿＿＿＿＿＿＿＿＿＿＿＿＿＿＿＿＿＿

示範：＿＿＿＿＿＿＿＿＿＿＿＿＿＿＿＿＿＿＿＿＿＿＿＿＿

＿＿＿＿＿＿＿＿＿＿＿＿＿＿＿＿＿＿＿＿＿＿＿＿＿＿＿＿＿

模仿：＿＿＿＿＿＿＿＿＿＿＿＿＿＿＿＿＿＿＿＿＿＿＿＿＿

＿＿＿＿＿＿＿＿＿＿＿＿＿＿＿＿＿＿＿＿＿＿＿＿＿＿＿＿＿

▲列舉範本的種類及其區別：＿＿＿＿＿＿＿＿＿＿＿＿＿＿＿

＿＿＿＿＿＿＿＿＿＿＿＿＿＿＿＿＿＿＿＿＿＿＿＿＿＿＿＿＿

你的答案應類似下列的敘述：

1. 範本是一種視覺或聽覺的提示，以協助個人了解如何去說及做。訓練者的行為必須與希望學習者說或做出的行為完全一致。

2. 示範是由訓練者演示出學習者所要說或做的事的過程。

3. 模仿是指學習者做或說出一些類似訓練者所說及所做的事，可能在示範之後立即產生，或在幾小時、幾天後才發生。

4. 分為有計劃的範本與未經計劃的範本，前者是指系統性的教學示範行為，後者是指自然環境下偶發性的示範行為。

 ## 自然環境下產生的示範與模仿

　　小珍是一個兩歲半大的獨生女，因為母親靠做家庭洋裁來貼補家用，所以小珍常必須自己獨自玩樂，也因此變成了標準的電視兒童。不久，媽媽發現小珍學會了像「芝麻街」節目中的數數行為及電視廣告中的一些詞句，像「我就是吃桂格麥片長大的呀！」媽媽很高興小珍從電視上學會了這些好的事物，但是她是否觀察到小珍也許習得了哪些其他（壞）的事物呢？

▲請敘述出來：

幼兒的示範與模仿

　　林老師在幼稚園任教，她發現班上的小朋友常會互相搶玩具及推打對方，而這些行為更製造了許多哭鬧與騷亂，於是她決定要教孩子們如何分享物品。她注意到小偉正在鬧彆扭，因為美美不願跟他一起玩積木，林老師走過去坐在小偉身旁對美美說：「我可以跟妳一起玩積木嗎？（示範）」美美抬起頭笑著說：「好啊！」當林老師拿起積木開始玩時，她又說：「美美！妳真好！願意讓我跟妳一起玩積木！」美美繼續笑著在玩，林老師接著轉向小偉說：「你也想玩嗎？小偉！」小偉看著美美說：「我可以玩嗎？（模仿）」林老師說：「你問得很好！」美美拿了一些積木給小偉，接著他們開始忙著蓋房子，幾分鐘後，林老師說：「你們在一起玩得真好！」然後她起身到另一組孩子處，教他們如何學習分享行為。僅在幾天內，林老師就注意到班上分享及要求分享玩具的行為已顯著增加了，而以前因缺乏分享行為而引發的推打等行為也不再出現。

▲除了示範分享的行為外，林老師還做了什麼行為來增加分享行為的出現率？

　　如果你說：「林老師還用口頭稱讚了她希望產生的行為」，那就對了！這項讓人還想要得到的「稱讚」中介行為結果能增加行為未來的出現率。

能增加未來行為出現率的行為結果被稱為「增強物」。在美美與小偉的例子中，至少出現了兩項「增強物」，其中一項是林老師的口頭稱讚，表示老師認同了這項行為，而老師的認同對年幼的兒童而言是強而有力的學習動機。另一項行為結果則是小偉玩到了他想要玩的積木。下圖可以具體說明這個例子發生的順序。

示範行為→學習者模仿→得到正向的行為結果

 ## 青少年的示範與模仿

世傑與念偉正在高三就讀，他們是多年的好友，念偉內向害羞，從未與女孩約會過，世傑卻很外向，念偉老覺得他每天都有約會。念偉很喜歡怡芬，但不知道該如何開口跟她約會。有一天，世傑與念偉坐在校園的台階上，剛好怡芬與美珍經過，世傑馬上叫住她們，等她們走過來後，世傑很快就跟美珍熱絡地交談了起來，怡芬坐在念偉旁邊，念偉的心有如小鹿亂撞般，他聽到世傑說：「美珍！今晚我們一起去看電影好嗎？（示範）」美珍說：「好啊！」念偉此時亦鼓起勇氣對怡芬說：「怡芬！妳願意跟我一起去看電影嗎？（模仿）」怡芬說：「我當然願意！我還以為你永遠都不會開口約我呢！」在念偉模仿了更多世傑的社交行為後，他的生活已改變了不少。

▲念偉要如何運用「有計劃的範本」學習更多的社交行為？

念偉可以請世傑或其他人展現一些他想學習的口語或動作行為，這樣他就可以在實際情境（如約會）需產生這些新行為前先做練習，他也可以藉由熟練這些行為的人（如世傑）所給予的回饋中了解自己的行為是否正確。

成年人的示範與模仿

　　大學職業介紹會的工作人員欲提供學生及職員找工作或換工作的機會和改進「求職面談」的技巧。文達正要找工作，他進入辦公室後遇到了諮商員美玉。在填寫了一些必要的表格後，文達接著被帶入房間內看錄影帶中好幾個人的面談情形（示範），美玉要他仔細觀看他們的行為。看完錄影帶後，他們針對所觀看到的行為做了一番討論，然後再由美玉角色扮演雇主，而由文達扮演求職者，並模仿錄影帶中所觀察到的行為。在角色扮演過後，美玉給了文達一些回饋，示範一些他還可以再改進的技巧，並要他練習模仿這些示範行為，直到雙方皆認為在找工作之真實情境中亦無問題時為止。

　　這個例子中，美玉必須告訴文達需特別注意觀察錄影帶中說與做的行為，否則模仿恐怕不會正確。

　　上述四例闡明了學習者如何經由示範來增進他的模仿行為。其中一例談及年幼兒童如何經由電視示範來模仿行為：當孩子能經由電視人物習得一些好行為時，他也可能會學到一些不好的行為，所以在兒童或青少年發展的特定階段中，我們必須控制某些示範行為。因此我們可以斷言，父母、兄弟姊妹、電視、收音機、書刊及其他環境的因素，皆提供了一些可以或不可以模仿的行為，且任何可耳聞與眼見的事物皆可視為一種「範本」，而示範則是教導一個人如何模仿新技巧及能將它應用在其他情境中的一種組織與歷程。

▲請敘述示範與模仿的關係：

假如你說，示範與模仿的關聯是因為彼此都包含了相同或類似的動作或語言行為，且是先由訓練者示範，再由學習者模仿的，那就對了！
▲請敘述一項你經由模仿別人的示範而習得新行為的情況：

▲請舉一例說明你如何提供示範,協助別人習得新行為的情形:

_____

_____

模仿的發展歷程

　　大部分的嬰兒在幾個月大時就開始模仿或嘗試模仿他們看到或聽到的一些行為,而下列幾項因素會影響早期的模仿行為。

因素一:早期的模仿嘗試僅有部分正確(大致相似)

　　這些早期的模仿行為往往只有部分正確(具大致輪廓),也就是說它與示範者或示範行為間有差距,但在動作及聲音方面仍保有部分原來的特質,而在經由不斷的練習後,嬰幼兒的反應會愈來愈像示範的行為。大多數父母均發覺他們可藉模仿遊戲來提昇模仿的質與量,首先由父母模仿孩子,然後孩子再模仿父母,這個過程必須不斷重複實施,由兩人輪流扮演示範者及模仿者,此項遊戲可以增進父母與孩子間情感的交流。此外,年幼者多半喜歡模仿與其感情親密之人的行為,例如母親、保姆等照顧者。

▲請解釋「大致相似」的定義: _____

▲請舉兩種父母在模仿遊戲中用來教導孩子的行為: _____

_____

因素二：幼兒的立即模仿

在正常發展中影響模仿的第二項因素是指幼兒在一歲前的嘗試模仿行為，此時的模仿行為總是在示範行為之後立即發生，例如父母笑了，子女也會跟著笑。一歲以前的幼兒通常因不了解抽象的概念（如不在眼前、不在腦中），而無法產生延宕性的模仿行為。此類模仿通常要到一歲至兩歲間才會出現。

因素三：早期的模仿嘗試會受制於其行為結果

早期的模仿嘗試常會被模仿行為出現後四周環境的立即改變情況所控制，這些改變就是行為結果。如果得到積極正面的結果，模仿行為多半還會發生，如果得到負面消極的結果，通常此項模仿行為之出現率便會降低。為了要增加嬰幼兒模仿行為的出現率，在每項嘗試模仿行為之後皆必須給予積極正面的結果，可用觸摸、擁抱、講兒語（由父母或訓練者實施）、跟他講話、或用搔癢等方式表達，經由多次的練習後，模仿會變得更像示範行為。在此過程中，對大致相似的模仿行為如能給予正面的回饋，會讓此項行為更像示範行為。如果吝於給予回饋，此項行為也會愈來愈不像示範行為，就像行為養成技術中對持續性類似行為的增強一樣。

▲定義「行為結果」：＿＿＿＿＿＿＿＿＿＿＿＿＿＿＿＿＿＿＿＿＿

＿＿＿＿＿＿＿＿＿＿＿＿＿＿＿＿＿＿＿＿＿＿＿＿＿＿＿＿＿＿＿＿

9

因素四：有些模仿反應是內發性的

第四項影響模仿的因素與一些不易受外在結果影響的模仿反應有關。由於此類模仿反應雖然確實在產生，但卻無法由外在結果中觀察出來，因而它是屬於內發性的。所謂內發性的模仿多半與下列兩項行為有關：

1.與有效的問題解決行為有關。

2. 涉及與他人間情感關係的性質。

這種內發性的模仿通常要到一歲多才會產生。它們形成的方式是先建立在孩子已熟悉的模仿行為上，然後再模仿發展新的不熟悉的行為。

其他因素

以下還有一些因素也可以增加學習者模仿行為的產生（Bandura, 1969）包括：

1. 確認學習者注意示範行為的展現過程（如注意看或聽）。

2. 確認學習者已夠成熟且能模仿該項行為（如一個月大的小孩無論你如何教導模仿，都無法學會走路）。

3. 確認學習者對要模仿的行為有學習的意願與動機（如在模仿反應產生後要立即給予學習者想要的行為結果，也就是要提供正向的增強物）。

4. 提供模仿行為正確與否的回饋，才能讓學習者很快習得該項行為。

5. 要求學習者記牢模仿的行為（該說或做些什麼），如此才能增進這項行為在不同時機、地點或情境的出現率，也就是要類化應用該項行為。

利用曾經經歷過該發展階段的學習者做為模仿的對象也是非常有效的，諸如三歲的小男孩可能不是十七歲女孩的模仿對象，但十七歲的女孩就可以做為三歲男孩的模仿對象。

延宕模仿與代償學習

延宕模仿是指在缺乏示範行為下仍能展現先前所習得的模仿行為。在一歲多後才會產生的延宕模仿必須在幼兒具有視覺、口語等能重現行為的能力後才會出現。換句話說，幼兒要能夠記住範本所說及所做的（甚至當範本不在場時），並且把此項行為表現出來（延宕模仿）。這種再度出現的行為成為示範行為發生後與幼兒模仿行為產生前這段空隙間的橋樑，而這種展現一項以前別人示範過行為的能力統稱為觀察學習或代償學習。所以當延宕模仿

產生時，我們可以假定兒童已能不經練習即學得一項行為，而且通常他不會使用此項行為，除非在有某種需求時。例如，小孩早上很早起床，發現只有自己一人時，他會發出以前曾聽到過別人發出的聲音，似乎藉由模仿曾經給予他舒適感的人的聲音，他就可以得到舒適與安全感。如果這些經演練過後的模仿行為會在不同的時間、地點或情境下再度出現，就表示「類化」已產生。類化是指模仿者已能將所學習的行為用在類似的情境下。

口語傳達之模仿行為

下一個階段的模仿發生在五歲至七歲之間，此時兒童已具有充分的口語能力以傳達模仿行為。換句話說，可用口語行為來控制動作行為。在此時，我們常可看見訓練人員在示範一項行為後會說：「照著做！」的方式來協助兒童模仿各式各樣的行為。

下圖具體顯示出延宕模仿與類化的訓練程序。

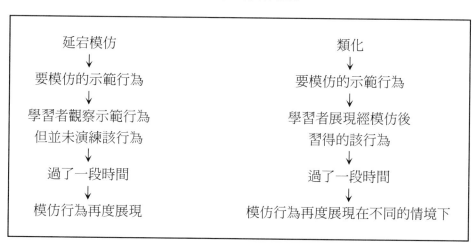

延宕模仿
↓
要模仿的示範行為
↓
學習者觀察示範行為
但並未演練該行為
↓
過了一段時間
↓
模仿行為再度展現

類化
↓
要模仿的示範行為
↓
學習者展現經模仿後
習得的該行為
↓
過了一段時間
↓
模仿行為再度展現在不同的情境下

▲請用你自己的話，解釋下列名詞：

延宕模仿：_____

行為結果：＿＿＿＿＿＿＿＿＿＿＿＿＿＿＿＿＿＿＿＿＿＿＿＿＿＿＿

行為養成：＿＿＿＿＿＿＿＿＿＿＿＿＿＿＿＿＿＿＿＿＿＿＿＿＿＿＿
＿＿＿＿＿＿＿＿＿＿＿＿＿＿＿＿＿＿＿＿＿＿＿＿＿＿＿＿＿＿＿＿＿

觀察學習或代償學習：＿＿＿＿＿＿＿＿＿＿＿＿＿＿＿＿＿＿＿＿＿＿
＿＿＿＿＿＿＿＿＿＿＿＿＿＿＿＿＿＿＿＿＿＿＿＿＿＿＿＿＿＿＿＿＿

類化：＿＿＿＿＿＿＿＿＿＿＿＿＿＿＿＿＿＿＿＿＿＿＿＿＿＿＿＿＿＿
＿＿＿＿＿＿＿＿＿＿＿＿＿＿＿＿＿＿＿＿＿＿＿＿＿＿＿＿＿＿＿＿＿

口語傳達之模仿行為：＿＿＿＿＿＿＿＿＿＿＿＿＿＿＿＿＿＿＿＿＿＿
＿＿＿＿＿＿＿＿＿＿＿＿＿＿＿＿＿＿＿＿＿＿＿＿＿＿＿＿＿＿＿＿＿

▲現在請你用一個實例來應用上述你已解釋過的名詞：
延宕模仿：＿＿＿＿＿＿＿＿＿＿＿＿＿＿＿＿＿＿＿＿＿＿＿＿＿＿＿
＿＿＿＿＿＿＿＿＿＿＿＿＿＿＿＿＿＿＿＿＿＿＿＿＿＿＿＿＿＿＿＿＿

行為結果：＿＿＿＿＿＿＿＿＿＿＿＿＿＿＿＿＿＿＿＿＿＿＿＿＿＿＿
＿＿＿＿＿＿＿＿＿＿＿＿＿＿＿＿＿＿＿＿＿＿＿＿＿＿＿＿＿＿＿＿＿

行為養成：＿＿＿＿＿＿＿＿＿＿＿＿＿＿＿＿＿＿＿＿＿＿＿＿＿＿＿
＿＿＿＿＿＿＿＿＿＿＿＿＿＿＿＿＿＿＿＿＿＿＿＿＿＿＿＿＿＿＿＿＿

觀察學習或代償學習：＿＿＿＿＿＿＿＿＿＿＿＿＿＿＿＿＿＿＿＿＿＿
＿＿＿＿＿＿＿＿＿＿＿＿＿＿＿＿＿＿＿＿＿＿＿＿＿＿＿＿＿＿＿＿＿

類化：＿＿＿＿＿＿＿＿＿＿＿＿＿＿＿＿＿＿＿＿＿＿＿＿＿＿＿＿＿＿

口語傳達之模仿行為：＿＿＿＿＿＿＿＿＿＿＿＿＿＿＿＿＿＿＿＿＿
＿＿＿＿＿＿＿＿＿＿＿＿＿＿＿＿＿＿＿＿＿＿＿＿＿＿＿＿＿＿＿＿＿

　　由於前述之各項內容為以後學習的基礎，所以讀者必須徹底了解上述每一個名詞與概念，如果你無法清楚描述或解釋這些名詞，請回頭再仔細閱讀本篇前面的部分以澄清概念。

示範對現存行為的引導作用

　　有幾位學生在跳繩（範本），麗麗在一旁觀看他們玩這項她已會的活動，她覺得跟他們一起玩應該很有趣，而觀察其他人的行為成了她想加入她已會行為活動的提示或引導，於是她走過去問是否可以加入他們，很快地她就像其他學生一樣地在跳繩了（模仿）。她口語請求的行為結果是被接納且一起玩，雖然此項口語請求對她未來行為的影響並未可知，但可以想見的是，未來她可能會有更多「要求加入」的口語行為。在這個例子中，其他人的活動可視為麗麗行動的指引（範本），以從事：

- 提出口語請求。

- 玩跳繩的遊戲（模仿）。

　　由於活動本身即具有增強功效，也或許因為是在其他學生的面前表現，致使麗麗日後願意再從事此種行為。在教導新行為時，並非皆需要這種範本，但是它通常可扮演現在行為的引導者。因此我們可以說兒童及一般人學習模仿是源於：

- 某項特定的行為造成了正面、積極的行為結果，因為此項活動本身即具有增強的作用。

- 看到或聽到其他人獲致了正面、積極的行為結果，而認為如果自己能表現類似的行為，亦會得到相似的結果。

▲請列舉三種他人行為可引導你做出該種行為的情境：

_____

_____

13

　　個體可能需要在某種特殊的情境下同時表現許多必要的行為，然而因為此一情境或地點是不熟悉的，他可能會不確定該如何來排列這些行為展現的前後順序（例如第一次辦理結婚登記）。但藉由觀察在你前面的人如何做（示範），才能在第一次演練時即表現出正確的行為（模仿）。所以所學習的並非一項特定的行為，而是在此情境下必須同時展現的許多行為，且其前後順序必須正確。

▲你如何用一些已知的個別行為來學習一連串相關聯且有順序性的行為情境：

_____

_____

有效使用示範與模仿的原則

　　正如同任何教學技巧，示範與模仿的有效性亦有賴於系統化地運用行為改變原則。其中需要特別注意的幾項原則如下：

1. 仔細界定出你想要用示範來教導的該項行為。

2. 確定此項行為的定義必須是可觀察、測量的。換句話說，必須有兩個以上的人同時觀察下並同意確有此行為發生。例如「坐」的行為可能被定義為臀部接觸椅面、腳平放在地上、頭和身體面對椅子的前方。

▲請為「舉手」行為下個定義：_____

_____

假如你所定義的舉手行為是可觀察又可測量的，而且足夠精確，使在兩個或更多的觀察者測量下都可獲致相同的結果，那就對了。

　　惟諸如睡眠這類行為是很難觀察與測量的，必須用腦波測定器等儀器才可測量出該行為。

3. 確定該項行為是在學習者發展階段內應具有的，以免過於困難而造成挫折感。換句話說，學習者應在身心發展上已具有模仿這些行為的能力時才可進行，此可藉由觀察學習者、與學習者熟悉之人晤談、實施測驗等方式得知。

4. 確定行為已清楚地分析為一項一項的小步驟。例如「洗手」的行為就可劃分成以下數個步驟：

　　(1) 把水槽的軟塞塞緊。

　　(2) 打開水龍頭。

　　(3) 當水快接滿時，關上水龍頭。

　　(4) 把手沾濕。

　　(5) 拿起肥皂。

　　(6) 在兩手間搓肥皂。

　　(7) 把肥皂放回盒內。

　　(8) 來回搓弄手上的肥皂泡沫。

　　(9) 把手放入水槽內，把肥皂泡沫洗乾淨。

　　(10) 拿開水槽的軟塞。

　　(11) 拿起毛巾。

　　(12) 把手擦乾。

　　(13) 把毛巾掛起來。

　　(14) 沖洗水槽。

▲請把「果汁倒入杯內」的行為分析成小步驟：

_____

_____

你的答案應類似下述：

(1) 走到冰箱旁邊打開冰箱門。

(2) 拿出盛果汁的瓶子，關上冰箱門。

(3) 把果汁瓶放在桌上。

(4) 走到櫥櫃處，打開櫥櫃門。

(5) 拿一個杯子出來，關上櫥櫃門。

(6) 把杯子拿到桌上放在果汁瓶旁邊。

(7) 單手抓住瓶把拿起瓶子。

(8) 用另一隻手握住杯子。

(9) 把瓶口靠近杯口，讓瓶子成傾斜狀倒入果汁。

(10) 繼續倒入果汁，直到杯子快滿為止。

(11) 把瓶子放下。

(12) 把瓶子放回冰箱內。

---

5. 在示範一項特定行為時，要確定學習者的精神是否專注（注視你並聆聽你的話語）。專心注意可以增進學習力，所以在示範行為之前，最好能給予學習者口語提示（如「注意」等信號）以引起其注意觀察欲模仿的行為。最常用的提示是先叫學習者的名字（如小明），當他看訓練者時，對他說：「跟著我做！」緊接著立即示範要其模仿的行為（如用杯子喝水等）。

6. 確定行為係經過清楚明確的示範。示範行為時，要慢慢地，在示範中止前要暫停一會兒（例如慢慢地伸手碰觸桌面，停一下子，再把手放回腿上）。緩慢地展示示範行為可以增加示範行為呈現的時間，如此可以讓學習者有多一點時間觀看示範行為。

7. 確定學習者每一項正確的模仿或與示範行為大致類似的模仿之後均可獲致增強。用「每位兒童會因學習而學習」的假設來推斷他們會有正確的反應是不切實際的，所以視為理所當然的模仿行為（亦即未獲增強或正

向的行為結果）往往容易消失或不易經常出現。

▲請列出可用來增強五歲孩子正向行為結果的增強物有哪些：

假如你所列的項目中包括了食物、飲料、玩具、看電視、聽音樂和擁抱等身
體接觸，那就對了！

8. 確定使用的增強物的確有效。有效與否係根據學習者的進步情形與行為
表現而定。增強物的選擇應依每個人的喜好而定，故要切記下述原則：

(1) 對這個人有效的增強物，對另一個人不一定有效。

(2) 在這個時間內對這人有效的增強物，在另一個時間可能就不再有效
（例如已吃飽後再給他食物）。

(3) 有些增強物可能太微不足道，以致無效。

(4) 有些增強物可能非常有效，致使其他較小的增強物失去了功效（例如
在某些正確反應後，給予十元以為增強，如果在另一些反應後只給予
二、三元，就無法成為有效的增強物）。

(5) 需在示範行為之後立即給予增強，也就是說在不讓學習者有表現其他
行為的機會前即給予增強物，這樣會讓學習者知道所欲增強的行為為
何。

(6) 在開始學習行為之初，每次正確反應之後即需給予增強，但當行為已
學會之後，要改用間歇性的增強方式，也就是要逐漸褪除增強物，改
為在每二、三、四次行為出現之後再給予增強。有時候可連續兩次皆
給予增強，有時候可在有數次正確行為之後再給予增強。給予增強的
時機要讓學習者捉摸不清，俾使其持續表現該項行為以獲增強。

(7) 每次拿取增強物（如葡萄乾或果汁等）之空檔時間，要用口頭讚賞來

填補。要確定在稱讚時必須對學習者具體敘述出行為與增強結果之間的關聯，例如：「很好！你開車門就像我開的一樣！」讓學習者明瞭他對的地方在哪裡，只講「好孩子！」是不夠具體的。

(8) 要確定在每次有不當行為時，都需給予負向的行為結果（如隔離或忽視等）。此外，要注意增強不兩立行為，例如大聲吼叫與輕聲說話即為不兩立行為，因此在輕聲說話行為產生時，要立即增強之。

9. 確定你並未示範大聲吼叫以取得注意、或用打罵來處理不當行為。

10. 確實記錄學習者進步的情況，必要時，要修正整個行為改變方案，俾達預期之目標。記錄時，只需在每次示範後，用簡單的「＋」、「－」符號代表學生的模仿行為是否正確即可。如：

第一次示範：＋　　　　第四次示範：＋
第二次示範：＋　　　　第五次示範：－
第三次示範：－

某位教師在每次學生有正確行為出現時，就給一顆巧克力糖，但她發現有些學生並未進步，而其他進步的學生則在二十到三十分鐘之後就不再有正確反應出現。

▲請你利用下列空白處，說明此位教師違反了什麼規則，她應該怎麼改進：

你的答案如果包括了下列兩點，那就對了！

1. 對某個人有效的增強物，對他人並不一定有效，所以她應該針對每個學生分別採用不同的增強物。

2. 對某人在某段時間內有效的增強物，在另一個時間可能不再有效，所以這位教師應變換採用不同的增強物，以避免饜足。

▲請依據下列各項行為，具體敘述出你想用的口頭稱讚：

1. 麗麗模仿了舉手的行為：_____

_____

2. 少偉模仿發「ㄚ」音：_____

_____

3. 冬冬模仿說：「請問，我也可以打棒球嗎？」_____

_____

模仿原則的教導

　　假如你想用示範方式來教導不只一項行為，你最好先教學習者示範與模仿的原則，俾利其學習模仿一項或多項你想要他學習的行為，而這項原則就是「在我做完之後，照著我做的方式做一次」。你必須先示範各種不同的行為，並要他照著做一次，以讓他熟悉此項規則。教習此原則的最終目標是要讓學習者在你第一次示範一項新行為時就能照著去做，這就叫做類化。

▲用你自己的話，說出模仿的原則：_____

_____

▲你如何教一個人學習此項原則？_____

假如你說，模仿原則就是「在我做過之後，照著去做」，而且不斷地練習模仿行為，直到對方已能在新行為第一次出現時即可模仿為止，那就對了！如果你的答案與此不同，請回頭重新閱讀前面那幾段敘述。

運用身體引導

　　在孩子第一次學習模仿行為時，你可能需要先示範該行為，然後用身體

引導他表現出相同的行為。換句話說，你要用身體接觸來協助一個人模仿特定的行為。經由不斷的練習，並在每次正確反應出現時即給予增強，你就可以開始逐漸褪除身體的協助，直至此人能不需要身體引導或口語協助即可獨自模仿示範行為為止。

學習類化性的模仿反應

當學習者根據上述的過程模仿了若干行為之後，他就能在第一次新行為示範時立即模仿出來，因此我們稱此為類化性的模仿反應。它們依據的原則就是「在訓練者做了之後，立即做出與他相同的動作」。在好幾個不同的人面前練習模仿示範行為之後，學習者很快就明瞭到他可以藉觀看他人的行為及做法而學會大部分別人會做的事。而當學到了此項原則之後，就可不需經由直接的教導而學會很多新行為。就如同許多人在孩童階段時僅接受有限的教育，但卻能經由身邊的人習得許多適當的行為，其道理是一樣的。

▲請說明類化性模仿反應的定義：＿＿＿＿＿＿＿＿＿＿＿

假如你的定義是：學習者可在第一次示範新行為時即會模仿，那你可得到「拍背」的增強，因為你答對了！

對某些人而言，這種複雜、有規則的行為是靠環境中自然而生的正向行為結果來維持的；但對另一些人而言，它可能會消失不見，此乃因為他們在不當的時機、地點表現了這些行為，而且並未得到正向行為結果的增強。

學習在適當的時機模仿行為

為使此項模仿原則達至完全的成效，一個人必須要學習當範本不存在時，應在何時何地表現出特定的行為。要教導一個人當範本不存在時，在適當的時機與地點表現出正確的行為，必須教導他比前面討論過的更複雜的原則。

其中包括需要提供大量的示範，同時要在不同的場合施行，俾讓一個人能辨明如何在適當的情況與時機下表現不同的適當行為。這種學習可以很容易地藉著口頭回饋讓一個人知道自己行為的不適當性而達成，甚至有時可使用負向的增強物或懲罰等行為結果，同時也需在新的或不同的情境下示範適當的行為。有些行為幾乎在任何時機或情境下皆適當，凡此類行為必須先行教導，然後再教一些較有限制性的行為。這類放諸天下皆準的一般行為包括：

1. 當別人幫助你時，要說「謝謝」。

2. 要求別人做任何事時，別忘了說「請」。

3. 遇見陌生人時，要自我介紹。

▲請你至少再列舉三項如上所述的一般通用行為：_____

_____

有些只在特定時間及地點展示的適當行為包括：

1. 必須在室外或一些設計好可以跑的區域內跑，不可在教室內、教堂或商店內跑來跑去。

2. 大聲祈禱在做禮拜或望彌撒時可能很適當，但不是任何時間在教堂內或學校中都可以大聲祈禱。

3. 在浴室內、在自己的家中、在體育館的淋浴室中裸體是適當的行為，但在教室內或大街上則不可如此。

▲請列舉一些僅適合在某些場合與時機的行為。要包括適當的時機及地點：

_____

_____

21

使用口語暗示

　　叫對方的名字並指示他「照著做」，可幫助一個人將注意力集中於你所做的動作上。更詳盡地說，也就是在某些情況下叫一個人的名字，如：「小美！」當她轉向你時，你就說：「注意看我所做的，然後做出跟我一樣的動作！」像這樣子的口語提示不但可告訴學習者該做些什麼，更可告訴他該注意觀察怎麼做。

　　如果個人有模仿的困難，可更進一步擴大使用口語提示。譬如，訓練者叫：「達生！」而當達生看向他時，訓練者接著說：「注意看我在做什麼」，訓練者開始慢慢地示範行為（如果該項行為較複雜，則示範其中的一小步驟）並問道：「你有沒有看清楚我的動作？」或問：「我做了些什麼？」如果學習者的回答正確，訓練者可說：「很好！這正是我做的，現在請你照著我做的做一次！」此時如果學習者正確地模仿了該項行為，訓練者需給予立即的增強。反過來說，如果他們不能正確地回答：「我做了些什麼？」這時訓練者要說：「再注意看一次！」並再度慢慢示範該行為一次。必須重複此種詢問與練習的過程，直至學習者能正確反應為止。

　　進行此項過程時，訓練者需要：

- 把行為分析成更小的步驟。

- 由較不複雜的行為開始著手。遇有困難時，亦需回復到較不複雜的行為。

- 提供如前所述之身體引導。

▲請具體敘述一項口語提示，必須比說「照著做」更詳細與具體：

_____

_____

▲請具體說明上項口語提示的功能：

_____

 示範與模仿練習

 練習一：經由示範與模仿改進人際關係技巧

步驟一：請想一想幾項你缺乏或想要改進的人際關係技巧（如與陌生人士交談、與重要人士初次面談、做錯事道歉或慰問一個遭受變故的人），並列舉其中五項：

1. _____

2. _____

3. _____

4. _____

5. _____

步驟二：從上面五項人際關係技巧中選擇你最有興趣且最想學習的一項：

_____

_____

步驟三：請用可觀察且可測量的語彙，定義一種你想習得的技巧（如「我將與在宴會中遇見的陌生人至少交談五分鐘」）。請將定義敘述於下：

_____

_____

步驟四：請列出三位你知道具有此項你欲學習與改進之技巧的人：

1. _____

2. _____

3. _____

　　步驟五：安排觀察一位或一位以上你在步驟四中提及的三位人士，看他們如何表現你想要學習或改進的行為。

1. 你要在什麼時候觀察他們？ _____

_____

2. 你將在何處觀察他們？ _____

_____

3. 為了觀察他們，也許你需要做哪些特殊的安排？ _____

_____

　　步驟六：實行你的觀察計畫。那位被你觀察的人士說了些什麼？

_____

_____

那位人士做了些什麼？ _____

_____

　　步驟七：與你所觀察的那位人士討論你想要學習的技巧（如果你覺得如此做不會尷尬的話），俾取得更多的訊息。你要問他的問題包括：

1. 你如何學習該項行為（請將你想要學的行為敘述於下列空白中）？

_____

_____

2. 當面對下述狀況時，你會怎麼說及做（請將該狀況敘述於下列空白內）？

_____

_____

3. 你對我在學習該項技巧方面有何建議（請將你想要學習的技巧列於下列空白內）？ _____

_____

　　步驟八：請在家中鏡子前練習此項技巧（模仿），並用錄音機錄下你說的話，這樣可聽到並看到你自己的行為。在最初幾次演練時可能不太順利，千萬別灰心！如果你已學會該如何表現此項行為，即可不必再演練。注意！學習新的行為需要大量的練習與回饋。

請敘述你演練的過程：＿＿＿＿＿＿＿＿＿＿＿＿＿＿＿＿＿＿

＿＿＿＿＿＿＿＿＿＿＿＿＿＿＿＿＿＿＿＿＿＿＿＿＿＿＿＿

在這項技巧上，你還需在哪些方面多加演練？＿＿＿＿＿＿＿＿＿

＿＿＿＿＿＿＿＿＿＿＿＿＿＿＿＿＿＿＿＿＿＿＿＿＿＿＿＿

如果你像多數人一樣還不能確定哪些部分你還要演練時，下一個步驟可以幫你確定。

　　步驟九：由別人所給予的回饋可協助你發展技巧，所以請安排一個親密的朋友，讓他聽、看你的演練過程，或用角色扮演方式共同演練該情境，並且要求他對你的聲調、表情等給予回饋。

請敘述出你朋友對你的評論：＿＿＿＿＿＿＿＿＿＿＿＿＿＿＿

＿＿＿＿＿＿＿＿＿＿＿＿＿＿＿＿＿＿＿＿＿＿＿＿＿＿＿＿

　　步驟十：如果可能的話，請利用你朋友在場並可給你回饋的時候，再演練一次該項技巧。首先要你的朋友演示（示範）行為，而你扮演觀察者的角色，然後要他看你的演練（模仿）。請不斷重複步驟八至十，直到你覺得已能在真實生活中表現該項行為為止。

　　步驟十一：現在，請你在日常生活中可表現該項行為的地方，展現一下該項行為。進行的情況如何？＿＿＿＿＿＿＿＿＿＿＿＿＿＿＿

＿＿＿＿＿＿＿＿＿＿＿＿＿＿＿＿＿＿＿＿＿＿＿＿＿＿＿＿

　　步驟十二：如果你的表現比以前進步（包括你嘗試模仿了一項新行為），別忘了要稱讚或獎勵自己一下。重複步驟十一，直到此項新行為已成為像吃飯睡覺等日常生活例行行為為止。

如果你有重新學習該項技巧的機會（由步驟一至步驟十二），你的做法將會有何不同？＿＿＿＿＿＿＿＿＿＿＿＿＿＿＿＿＿＿＿＿＿

現在，請你針對步驟一中的其他行為，把這整個過程再重複一次。請利用你在上列步驟一到十二中所學得的行為經驗去改進你的技巧。

步驟一：_____

_____

步驟二：_____

_____

步驟三：_____

_____

步驟四：_____

_____

步驟五：_____

_____

步驟六：_____

_____

步驟七：_____

_____

步驟八：_____

_____

步驟九：_____

_____

步驟十：_____

_____

步驟十一：_____

_____

步驟十二：_____

_____

 練習二：教導已會模仿者新的技巧

在我們所熟識的朋友當中，不難發現某些人的技巧需要改進，某些人缺乏一項非常有用的技巧。下面的練習通常是針對兒童或學生實施的，但也可運用在熟悉的朋友身上。

　　步驟一：請想一想，在你認識的人當中，哪些人具有模仿能力但卻有需要改進或學習的技巧。這項技巧剛好是你擅長的也是你可以示範的。
請列舉三個人及其需要改進或缺乏的技巧：

1.＿＿＿＿＿＿＿＿＿＿＿＿＿＿＿＿＿＿＿＿＿＿＿＿＿＿＿＿＿＿

2.＿＿＿＿＿＿＿＿＿＿＿＿＿＿＿＿＿＿＿＿＿＿＿＿＿＿＿＿＿＿

3.＿＿＿＿＿＿＿＿＿＿＿＿＿＿＿＿＿＿＿＿＿＿＿＿＿＿＿＿＿＿

　　步驟二：請從三人當中選出一位願意改變自己行為的人。

　　步驟三：仔細與他討論他的行為可以改進的地方。例如：老師注意到王小明常單獨坐在一旁看別的孩子玩遊戲，卻從不參與。她可能會說：「小明，看來你很想要跟同學們一起玩，對不對？我來幫你學習怎麼樣才能加入他們，好嗎？」如果他說：「好」，老師就已達到要他學習的目的了，此時即可進行下一個步驟。如果他不接受，請重複步驟二，再試另一個人，或再嘗試讓這個人接受行為改變方案。

　　步驟四：請將你要教導的行為用可觀察且可測量的語彙給予界定。可能的話，與你要教的人一起下定義。
該行為的定義：＿＿＿＿＿＿＿＿＿＿＿＿＿＿＿＿＿＿＿＿＿＿＿
＿＿＿＿＿＿＿＿＿＿＿＿＿＿＿＿＿＿＿＿＿＿＿＿＿＿＿＿＿＿＿

　　步驟五：安排一個雙方皆適合的時間及安靜的實施場所。
請列出適當的時間及地點：＿＿＿＿＿＿＿＿＿＿＿＿＿＿＿＿＿＿
＿＿＿＿＿＿＿＿＿＿＿＿＿＿＿＿＿＿＿＿＿＿＿＿＿＿＿＿＿＿＿

步驟六：如果該項行為對學習者而言太複雜的話，請將行為分析為幾項小步驟。

請把步驟四中述及的行為分析成各項小步驟（請參閱前述的原則）：

_____

_____

步驟七：告訴學習者「注意看（聽）我所做（說）的，這樣你才會做！」接著示範（展示）此項行為或行為的一個步驟若干次。要根據學習者的年齡及程度來決定該示範整個行為，抑或僅是行為的一個步驟。

步驟八：要學習者每次僅模仿一項行為或一個步驟。如果他有困難，要試著幫助他解決困難。例如要求他在你再度示範時，注意看（聽）。如果有需要，可依照步驟六把行為再分析成更小更細的步驟。

步驟九：在每次正確模仿（反應）或有模仿企圖後，需給予立即的回饋與增強。如果孩子年紀很小，你可以用擁抱、拍背或食物酬賞方式。

步驟十：請每次簡單地記下你的示範與學習者的學習過程。最簡易的記錄方式是在每一次練習的號碼前記下「＋」「－」等符號，以表示學習者的反應正確與否。

步驟十一：不斷地示範，並一次僅要學習者模仿一項行為或行為的一個步驟，直到學習者能連續數次正確地演示每一項步驟為止。這個步驟可能需要重複實施好幾天。

步驟十二：如果是一項包含好幾個步驟的複雜行為，請逐漸減少孩子模仿每個步驟間的空檔時間，並逐一將步驟串連起來，直到孩子能正確無誤且不需要示範即可完整地表現出整個行為為止。

請敘述整個狀況：_____

_____

假如你有機會重新實施一次，你的做法將會有何不同？_____

_____

學習者對此項行為改變的成效是否滿意？＿＿＿＿＿＿＿＿＿＿＿＿
＿＿＿＿＿＿＿＿＿＿＿＿＿＿＿＿＿＿＿＿＿＿＿＿＿＿＿＿＿＿＿

請列舉一些你還想運用示範與模仿來改進的行為：＿＿＿＿＿＿＿＿
＿＿＿＿＿＿＿＿＿＿＿＿＿＿＿＿＿＿＿＿＿＿＿＿＿＿＿＿＿＿＿

練習三：教導不會模仿者新的技巧

前面述及的例子是在每個人都可模仿某些行為的假設前提下實施的，不過有些人缺乏模仿的技巧，尤其是幼童與重度及極重度智障者，因此教導他們模仿技巧的過程會更複雜。下述之實施步驟即為教導他們的概略方式。

　　步驟一：決定你要教一位不具模仿能力者何種行為，譬如碰觸行為等。通常你會發現需教導的不只一項行為。
請列舉三項此種行為：

1. ＿＿＿＿＿＿＿＿＿＿＿＿＿＿＿＿＿＿＿＿＿＿＿＿＿＿＿＿＿＿＿

2. ＿＿＿＿＿＿＿＿＿＿＿＿＿＿＿＿＿＿＿＿＿＿＿＿＿＿＿＿＿＿＿

3. ＿＿＿＿＿＿＿＿＿＿＿＿＿＿＿＿＿＿＿＿＿＿＿＿＿＿＿＿＿＿＿

　　步驟二：每項行為請用可觀察與測量的語彙定義出來。譬如碰觸可定義為「把手打開，用手指頭接觸物體的表面」。
請由上述三項行為中選擇一項，定義於下：＿＿＿＿＿＿＿＿＿＿＿
＿＿＿＿＿＿＿＿＿＿＿＿＿＿＿＿＿＿＿＿＿＿＿＿＿＿＿＿＿＿＿

　　步驟三：設定增強物（學習者喜歡的東西），可觀察他平常休閒時的活動、他平日喜歡吃的東西，或由熟識他的人口中得知。
請列舉你認為有效的增強物：＿＿＿＿＿＿＿＿＿＿＿＿＿＿＿＿＿
＿＿＿＿＿＿＿＿＿＿＿＿＿＿＿＿＿＿＿＿＿＿＿＿＿＿＿＿＿＿＿

步驟四：把行為分析成小步驟，譬如，「碰觸行為」即可分析為下列步驟：

1. 訓練者示範該行為。

2. 訓練者把手伸向學習者的手。

3. 訓練者用手碰觸學習者的手。

4. 訓練者把學習者的手掌打開，並將其手指拉開。

5. 訓練者開始抓住學習者的手，伸向欲碰觸的物件。

6. 訓練者將學習者的手放在離物件約 1/2 的距離處。

7. 訓練者將學習者的手放在離物件約 1/4 的距離處。

8. 訓練者移動學習者的手至其手指可碰觸到物件為止（行為目標）。

9. 訓練者移動學習者的手至其手指可碰觸到物件並停止不動。

把你在步驟二選擇的行為分析為小步驟：＿＿＿＿＿＿＿＿＿＿＿＿

＿＿＿＿＿＿＿＿＿＿＿＿＿＿＿＿＿＿＿＿＿＿＿＿＿＿＿＿＿＿＿

步驟五：找一個安靜的地點實施訓練，請注意遠離會讓學習者分心的環境。把所有你要用來訓練的物品先收集好，並適當安置於訓練情境中。

請列舉所有你需要用到的訓練物品：＿＿＿＿＿＿＿＿＿＿＿＿＿＿

＿＿＿＿＿＿＿＿＿＿＿＿＿＿＿＿＿＿＿＿＿＿＿＿＿＿＿＿＿＿＿

步驟六：著手進行你在訓練行為時的每一個小步驟。以步驟四的九個小步驟為例，愈前面的步驟愈需要學習者的參與，而愈到後面，需要訓練者的協助亦愈多。第一項行為對訓練者而言是完全不需要協助的模仿，而第九項則需靠許多協助才能達成。這些行為的順序應經由觀察整個行為所需之身體引導而定。首先，訓練者需示範整個目標行為，然後把手伸向學習者……，一共有九個項目，一直到你抓住學習者的手碰觸到物品為止。此時你應用口語讚美及增強物（「你摸得很好！小明！」，並將一塊餅乾放入他口中）來增強他的行為。當然要確定小明喜歡吃餅乾，而願意模仿行為來獲得餅乾。別忘了一定要記錄下他的行為反應，如第一次嘗試第九項為「＋」；第二次嘗試第五項為「＋」；第三次嘗試第七項為「－」等。

步驟七：在下一個訓練步驟中，要讓學習者再由第一項至第八項做一次，然後放開你的手，如果他能繼續去碰觸物品，即使僅是很短暫的時間（只要你看清楚即可），你也要給他增強物。繼續練習數次。

步驟八：在每一次正確反應之後，逐漸褪除你所給予的身體引導數量（例如，引導他由第一項至第七項，如果他能繼續碰觸物品即給予其增強物）。一直重複下去直到你只需示範整個行為（第一項），而學習者即可正確地模仿，且連續達五次時為止。在每一項錯誤之後，需回到前項他做對的項目再做一次，才可繼續進行下一項目的模仿。

步驟九：重複步驟六至步驟八的過程以訓練第二項你想訓練的行為，直到學習者能不需協助，連續正確無誤地模仿五次你的行為為止。

步驟十：將這兩項訓練行為用隨機呈現的方式演練十次，其中三次要模仿以前習得之行為（以此例，即為第一項行為）。學習者必須在未經協助的情況下正確模仿九次，假如他已達此標準，則可在當天另外的課堂上再隨機演練兩遍以上，第二天，亦需至少再演練一遍。如果他每次都達到十次演練有九次正確的標準，即可用步驟六至十再訓練下一項行為；如果未達此標準，則必須回到步驟六，找出模仿該項行為之困難所在，再由步驟六至十重新學習一次。

 教室內的團體學習

Stephens（1978）認為，教室情境中的社會示範策略大致可分為以下幾點：

- 老師擬訂示範的方式，可採討論、觀賞幻燈片、說故事、或看電影等，讓學生了解學習該項技巧的價值何在。

- 老師鼓勵學生問問題且廣泛討論該技巧的價值為何，並在黑板上列出學

習此項行為的具體步驟。必要時，老師要列出每一步驟行為。

- 老師示範該項行為，要學生全體一起模仿該行為。在此之前學生要互相討論行為觀察的結果。

- 老師設定一個真實的情境，讓學生有機會再演示與練習該項行為。

- 老師要施行增強策略，俾利於行為的維持。

　　家中的父母、教堂中的領導者、私立機構人員（如男女童子軍）可採用上述綱要來進行社會示範策略。

▲請列舉三項你可用團體社會示範策略教導的行為：

1. _____

2. _____

3. _____

▲請敘述你可能遭遇到的問題：_____

_____

　　在團體中，用遵守規則的孩子做為其他學生的範本是非常有效的，但必須要在遵守規則行為之後給予立即增強，並且要對團體中其他成員說明為何他會得到此項增強。例如惠惠遵守舉手發言的班規，老師說：「謝謝妳舉手發言」，並馬上叫惠惠起來發言，同時立即向全班同學說：「很好，惠惠記得要遵守舉手發言的班規，惠惠現在妳可以幫老師發作業簿給同學。」

　　如果老師持續地增強遵守班規的行為，班上每位同學都會學到如何模仿那些遵守規則同學的示範行為。但要記得，對這個人有效的增強物，對他人不一定有效。

▲請列出能增進上述示範行為有效性的兩項因素：＿＿＿＿＿＿＿＿＿

＿＿＿＿＿＿＿＿＿

正確的答案是：(1)在每次遵守規則行為之後立即予以增強；(2)向團體宣佈給予此項增強的原因。

▲在下列空白處，試舉另一例闡明如何應用這兩項規則：＿＿＿＿＿＿＿

＿＿＿＿＿＿＿＿＿＿＿＿＿＿＿＿＿＿＿＿＿＿＿＿＿＿＿＿＿＿＿＿＿＿

在研究所的研討會中，主動發表意見是非常受歡迎的，而老師多半也以此為打成績的參考。當某位學生發表了意見之後，由老師所給予的評論中往往能建立該班學生的發表行為。請注意下列各項評語所產生的不同影響：

- 「王琳，妳的論點相當好！我給妳三分！」

- 「謝謝妳的意見，王琳！」

- 「王琳！妳的意見很有趣，但我指的是……」

- 「王琳！我覺得妳的意見很愚昧！」

最後一項評語是王琳最不喜歡的，也會讓她及班上其他同學以後不敢再暢所欲言，甚至會噤若寒蟬。至於另三項評語也會對以後班上同學的發言與否造成不同程度的影響。

▲請用下列空白處，另舉一個在團體中模仿的例子：＿＿＿＿＿＿＿＿＿

＿＿＿＿＿＿＿＿＿＿＿＿＿＿＿＿＿＿＿＿＿＿＿＿＿＿＿＿＿＿＿＿＿＿

請檢查你的敘述中是否包含了下列兩項因素：

- 在正確反應之後是否給予積極的增強？

● 是否向團體成員宣佈增強的原因？

如果你的例子中未包含此兩項因素，請回頭重新更正你的答案。

 練習四：代償學習

假設你是幼稚園或國小低年級學生的教師。你知道人類是經由觀察他人的行為而學習的。在你的教室中正有好幾個學生在打其他同學，以奪取玩具或為所欲為。例如現在文偉就在打台生。

▲請敘述你會如何處理此種情境？別忘了要用先前談及的那些原則：

_____

_____

你的答案應類似下述：帶文偉去牆角那兒坐，並且用平靜沉穩的聲音對他說：「文偉，在學校不可以打架！如果你打架就不可以跟其他同學一起玩，坐在這裡直到我說你可以起來為止！」如果你正確地營造了此種情境，教室內的其他學生會看到文偉的處境，從此不敢再打人，這就是代償學習的例子。

▲請敘述你會如何使用示範與模仿來幫助孩子克服害羞心理：

_____

_____

 如何決定教導內容

　　決定用示範與模仿方式來教習行為是非常重要的。對身心障礙學生而言，教師需針對每位學生發展個別化教育計畫；此項計畫應根據個別學生的需求與優勢採專業團隊合作方式設計，所用的課程指引需能達到他的年度及學期目標。而對一般學生而言，教師需依照各年級的課程指引來教學；而在醫療機構中，治療師則需與個案共同來決定治療及復健的目標。許多父母都僅在

偶然的情況下教子女學習，或認為子女在極少的指導下即可學習，甚或認為子女會在學校及教堂內學得所應學習的內容。但是我們該知道人生的前五年是一般學習最重要的時機，而此期多半是在家中度過的，所以父母必須為子女設立一些學習目標，並教其如何達到這些目標，示範與模仿即為此時期最有效的教學方法。市面上有一些專為父母設計的課程，而現有課程中也有一些可以調整給父母使用的，包括如國外的 *Hawaii Early Learning Program*（Parks et al., 1987）、*Curriculum and Monitoring System*（Akers, 1993）、*Let's Be Social*（Innocenti, Rule, Killoran, Schulze, & Stowitschek, 1987），以及由雙溪啟智文教基金會翻譯出版的《Portage 早期教育指導手冊》（*The Portage Guide to Early Education,* Bluma, Shearer, Frohman, & Hilliard, 1976）等。此外，父母亦可由學校、圖書館或書店中有關兒童發展的書籍中彙集相關教材。

▲請具體敘明你認為適合於比你孩子大六個月左右的兒童的正常發展目標（請在做下一題以前先做這題，你比較能了解設立目標的過程）：

_____

_____

▲觀察幾個年齡與你孩子相仿或略年長一些的兒童，看他們做了些或說了些什麼？請列出你觀察到的行為：

1. _____

2. _____

3. _____

4. _____

5. _____

▲觀察你自己的孩子，列出他們的行為：

1. _____

2. _____

3. _____

4. _____

5. _____

▲上面所列的那些行為你認為哪些是適當的？哪些是不適當的？

列舉你認為適當的行為：

1. _____

2. _____

3. _____

4. _____

5. _____

▲由上列中選擇三項你希望孩子學習的行為：

1. _____

2. _____

3. _____

範例：

　　李太太在幼稚園小班的教室外觀察孩子們的活動情形。她發現到，當其他孩子想要求任何事物時，都會說「請」這個字，而她的女兒姍姍卻不會。回到家後，李太太決定在適當的時機示範這項正常的行為，同時要在姍姍說「請」時增強她的行為，以增加行為的出現率。因此，李太太需要具體說明她要姍姍表現的行為是什麼及其行為目標，而回答下列三個問題正有助於此（Sheppard, Shank, & Wilson, 1973）：

1. 我想要姍姍表現什麼樣的行為？此項行為必須是可觀察、可測量的，同時需具體說明清楚：

---

2. 我希望行為出現在何處及在何種情境下？

---

3. 我希望此項行為表現至何種程度（即其評量標準為何）？

▲請採用前述練習一至練習四的方式設計一個可教導上述三項行為的方案。

 示範與模仿在其他臨床與實際上的應用

應用於腦傷

　　由於意外造成的腦傷患者或因中風導致神經系統外傷者通常會連最簡單的行為都無法展現（Horton, 1994）。Wesolowski 和 Zencius（1994）應用引導性觀察發展了腦傷患者的語言教學法。其中，訓練者讓患者觀察其他人如何展現行為（示範動作）及教導患者用語言描述此一事件或行為。例如：「美珠正在喝杯子裡的水」（示範並描述行為），接著可以問患者：「美珠在做什麼？」以了解患者是否能正確描述出行為；或可以直接對患者說：「雪玉，請喝杯子裡的水」，以了解患者是否能展現這項經過示範與描述過的行為。將行為示範與描述結合可以增進患者的學習，讓腦傷者能較快速地恢復語言功能。任何人都不可能讓腦傷者或其他人展現一項他從來都沒有出現過的行為，而語言引導所觀察的行為對患者的模仿行為有所助益（如「請先把熱狗放在麵包裡，就像我這樣做（示範），現在你來做！」），且講完後需暫停

一下,以給予患者一些時間模仿這項經過語言引導與示範過的行為。

　　示範也可以用來訓練患者跟隨口語指令。例如,訓練者可以說:「請先把熱狗放在麵包裡,就像我這樣做」(給予口頭指令並示範行為),「好!現在你把熱狗放在麵包裡」,接著訓練者給患者一些時間模仿這項行為。如果行為模仿正確,訓練者要說:「對了!你把熱狗放在麵包裡了!」下一次,訓練者可以不必示範行為就直接說:「請你把熱狗放在麵包裡!」如果患者照著做了,表示他已在學習如何遵從指令了!這項訓練需要一再重複應用於其他指令的教導,同時亦需隨機與不按原來的順序練習,以確定患者是因了解指令內容才出現該項行為。至於如何隨機安排跟隨指令行為的嘗試與練習,與本篇第 28 頁所敘述的方式相同。

　　針對腦傷患者的示範與模仿行為需重視類化的教導,也就是要發展一項原則:「照著我說的或做的,立刻跟著說或做」,這是對因腦傷而失去行為能力者非常有用的一項恢復行為的原則。腦傷會造成肢體的限制,可經由包括上述示範與模仿技巧等的復健來克服。以下是一些注意事項:

1. 示範的行為要有效,則這項行為必須是復健患者肢體能達成的。在受傷後短期無法展現的行為可能在日後可以學習。

2. 由於腦傷患者容易有挫折感,行為必須分解成小步驟,以讓患者能在模仿過程的早期即獲得成功的經驗。

3. 訓練者在示範行為前,必須確認患者確實有專心注意在看。

4. 訓練者可能需要用肢體引導與口語提示協助患者建立模仿行為、描述事件或行為、與聽從指令之行為。

5. 學習模仿少數幾項行為可能需要非常多次的嘗試與練習。

6. 給予口語支持與回饋等正增強是達至成功的重要因素。

7. 行為愈複雜,示範者的能力愈重要;示範得愈緩慢,行為呈現的時間可以持續得愈久。

▲請描述你教導一位腦傷患者一至十的讀寫過程。

你的答案中需包括：提供每一個數字的視覺示範；針對每一個數字加以命名描述，直到學習者能在教學者不照一至十的順序呈現各個數字時皆能正確讀出每一個數字；能示範書寫數字的筆畫順序，並能適時提供必要的肢體協助，直到學習者能正確書寫每一個數字為止。

應用於恐懼症

示範與模仿可以幫助一些人克服害怕與恐懼（如怕狗或貓等），當然針對嚴重的恐懼症患者的介入治療可能需要很長的時間，更需要經過良好訓練的治療師的長期協助（如心理師要應用系統減敏法）。

小明是一個三歲大的幼兒，很怕家裡的貓美美，他的媽媽認為是因為很久以前小明抓過美美的尾巴而被美美吼叫的聲音嚇著了！因此決定要用示範與模仿的技巧幫助他克服這項恐懼。她設定的目標是讓小明能完全不害怕地抱住美美並拍拍牠，也決定要請五歲大的姊姊小英來幫他（提供同年齡的示範，也可以請爸爸示範）。媽媽讓小英挑選她想要的增強物，也可以獲得媽媽的口頭稱讚與擁抱，並且可以跟美美玩。

媽媽把目標分析成以下步驟：

1. 坐在離美美十二英呎遠的地方，把小明抱在腿上唸故事給他聽。

2. 坐在離美美十一英呎遠的地方，把小明抱在腿上唸故事給他聽。

3. 坐在離美美十英呎遠的地方，把小明抱在腿上唸故事給他聽。

4. 重複三的步驟，每天移近一英呎的距離，直到相隔只有兩英呎遠。

5. 讓小明坐在媽媽的腿上摸美美。

6. 讓小明坐在媽媽的腿上輕輕拍美美。

7. 讓小明坐在媽媽的腿上，把美美抱在他身上一下子。

8. 媽媽抱住小明，讓小明把美美抱在他的腿上並輕輕拍牠。

9. 媽媽抱住小明，每天逐漸加長讓小明抱與撫摸美美的時間。

10. 媽媽站在小明的身旁，重複五至九的步驟。

11. 當小明能自行將美美抱在腿上並撫摸牠時，媽媽要距離他們愈來愈遠，直到小明完全沒有注意到或不關心媽媽在不在身旁就能自行抱起美美並拍牠為止。

　　媽媽根據上述十一個步驟訓練小明。她每天在吃過晚餐後，就到客廳把小明抱在身上唸故事書給他聽，而美美就睡在旁邊。媽媽先坐在離美美十二英呎遠的地方（步驟一），並讓爸爸指引小英坐在美美的旁邊，小英說：「美美你好乖！我不會傷害你！」（示範）此時媽媽就對小明說：「你看！姊姊正在跟美美玩！」讓小明注意到房間裡發生的其他事。當美美醒來後，小英就輕輕地摸摸牠（更多的示範），過了一會兒，小英把美美抱在腿上並輕輕地拍牠跟牠說話（示範最終的目標行為）。這時候媽媽對小明說：「你看美美多乖！看姊姊是怎麼抱牠與拍牠的！小英！我很喜歡妳跟美美玩的方式。」這整個過程重複了好多天，每天媽媽都坐得更靠近美美一英呎（步驟二至四），每天父母都要注意小明是否會很自然地靠近美美（延宕性模仿）。如果小明已能自動靠近美美或者輕拍牠，父母一定給予口頭稱讚，譬如說：「小明你很棒！你會拍美美了！」也可以抱抱小明。此時重要的是要逐步增強目標行為，包括不怕美美的出現、逐漸靠近美美、碰觸美美等等。幾天後，如果小明還不會自動靠近美美或他已能在媽媽的腿上但不怕美美時，媽媽就對小明說：「你要不要拍拍美美？」如果他說好，媽媽就叫小英把美美抱過來讓小明可以摸到牠，並且給他口頭稱讚與抱抱他（步驟四到九），媽媽每天也都增強小英的協助行為，包括抱她與唸故事給她聽，以避免她會嫉妒媽媽把注意力都放在小明身上。如果小明說：「不要！」此時媽媽就請爸爸進來，抱美美並拍拍牠，再重複上述過程，直到小明能自動拍美美為止。

　　克服害怕或恐懼症需要加入示範與模仿一項與害怕行為不兩立的行為過程，上述小明的例子中與害怕行為不兩立的行為就是「能輕鬆地坐在媽媽腿上」，也可以在他觀察小英示範「抱住與輕拍美美的行為」時提供他喜歡吃的點心，但必須特別注意的是在進行下一個步驟前一定要確定他在表現目前這個步驟上已沒有任何一絲絲的害怕。

　　Agras（1994）曾應用類似的過程協助兒童克服在進行手術前的害怕，包括提供相同年齡兒童(1)進入醫院；(2)動手術前的準備；(3)打麻醉劑；以及(4)康復並離開醫院（示範）的錄影帶。通常兒童看到這些示範後會比較不害怕，也會較快即康復。以錄影帶方式提供示範可以用來展現許多較難用現場或較難用口頭解釋而必須要用示範的行為（如救火行為通常用錄影帶示範會更容易些）。

▲請列出你會用來克服自己、孩子、學生或朋友所害怕的一項行為的步驟：

_____

_____

應用於抑制疼痛

　　真人現場示範與錄影帶示範也被用來抑制疼痛（Agras, 1994），此外亦可用錄影帶或角色扮演示範來展現放鬆（Weiher, 1975）與抑制疼痛。Jacobson（1962）曾發展出一系列放鬆步驟的示範過程，包括示範如何增加身體各部分肌肉的緊張度直到學習者能感受肌肉被拉緊，然後再放鬆肌肉。練習的次數會逐漸減少，直到學習者能區別出哪一部分之肌肉被拉緊，並可以自由放鬆那一部分之肌肉為止。

　　進行的過程包括：訓練者或治療師先對學習者或個案說：「好！現在像我一樣把你的右手伸到後面放在腰上盡可能地往後仰（示範），但不要傷到自己。請保持這個姿勢（停五至七秒），感覺一下是否腰部的前面會拉得很

緊？好！現在慢慢放鬆讓很緊的感覺消失。你所意識到的就是腰前肌肉緊張而腰後肌肉被拉緊的感覺。」接著解答學習者的疑問，然後再說：「好！現在我們要重複上述的過程，但這次我只要你覺得肌肉有緊張的感覺即可！」再重複演練這個步驟直到學習者能在保持姿勢的狀態下覺察到肌肉有緊張的感覺為止。

上述的過程之後被 Bernstein 和 Borkovec（1973）用來放鬆以下十六個身體的肌肉組織：

1. 慣用手與前臂。

2. 慣用手的臂膀肌。

3. 非慣用手與前臂。

4. 非慣用手的臂膀肌。

5. 前額。

6. 上臉頰與鼻子。

7. 下臉頰與下巴。

8. 頸部與喉嚨。

9. 胸部、肩膀與上背。

10. 腹腔與胃部。

11. 慣用大腿。

12. 慣用小腿。

13. 慣用腳。

14. 非慣用大腿。

15. 非慣用小腿。

16. 非慣用腳。

Bernstein 和 Borkovec（1973），以及 Smith（1985）也用錄音帶錄製了放

鬆過程的指導語，以便使用者參考使用。

　　無論現場或錄影示範都能展現疼痛抑制的認知演練過程，藉由告訴自己：「我可以做到，我能藉由放鬆讓疼痛消失。我先做一個深呼吸（做深呼吸），讓我各部分的肌肉慢慢放鬆（慢慢放鬆嘴唇、放下肩膀、讓頭部與頸部放鬆等），我現在覺得好多了。現在讓我再演練一遍，讓疼痛消失更多一些」，並確實做到所說的。上述過程可以重複演練直到感覺已放鬆且疼痛消失為止。

　　此外也可以藉由放映生物回饋的錄影帶了解疼痛抑制的過程。在這種情形下，學習者或個案可以藉由身體逐步放鬆的生物回饋變化，並自述疼痛有愈來愈減輕且愈來愈放鬆的現象，了解疼痛之減輕情形，之後並需讓個案接受生物回饋的訓練。

▲請描述你會如何應用示範，包括用認知演練，來協助兒童抑制疼痛：

_____

_____

　讀者對示範練習之學習評量

以下之練習能教導你如何發展及／或應用示範與模仿的新技巧，如果能完成下列之練習，你就能認定自己已能應用本篇內容到其他新的情境中。

▲請描述你會如何應用你所學習到的知識與技巧於下列情境中：

1. 教導兒童在聽他人說話時如何應用目光接觸〔可參考 Matson 和 Ollendick（1988）的書籍〕：

_____

_____

2. 教導個人能更肯定自我〔可參考 Bourne（1990）的書籍〕：

_____

▲描述如何應用錄影帶示範教導青少年兩性交往之安全知識：

結語

　　如果你能順利進展到現在這頁，表示你已能應用示範與模仿的策略了，在此恭喜你！請繼續努力，並祝好運！

參考文獻

Agras, W. S. (1994). The behavioral treatment of somatic disorders. In W. D. Gentry (Ed.), *The handbook of behavioral medicine* (pp. 479–530). New York: Guilford Press.

Akers, A. (Ed.). (1993). *Curriculum and monitoring system: A series.* Logan: Utah State University.

Azar, B. (1997). Developmental experts say babies have more conceptual abilities than previously believed. *APA Monitor, 28,* 9.

Bandura, A. (1969). *Principles of behavior modification.* New York: Holt, Rinehart & Winston.

Bernstein, D. A., & Borkovec, T. D. (1973). *Progressive relaxation training: A manual for the helping professions.* Champaign, IL: Research Press.

Bluma, S. M., Shearer, M. S., Frohman, A. H., & Hilliard, J. M. (1976). *Portage guide to early education.* Portage, WI: Cooperative Educational Service Agency.

Bourne, E. J. (1990). *The anxiety and phobia workbook.* Oakland, CA: New Harbinger.

Gray, B., & Ryan, B. (1973). *A language program for the nonlanguage child.* Champaign, IL: Research Press.

Hall, R. V., & Hall, M. L. (1998). *How to use systematic attention and approval.* Austin, TX: PRO-ED.

Horton, A. M. (1994). *Behavioral interventions with brain-injured children.* New York: Plenum Press.

Innocenti, M. S., Rule, S., Killoran, P., Schulze, K., & Stowitschek, J. (1987). *Let's be social.* Logan: Utah State University.

Jacobson, E. (1962). *You must relax.* New York: McGraw-Hill.

Matson, J. L., & Ollendick, T. H. (1988). *Enhancing children's social skills: Assessment and training.* New York: Pergamon Press.

Parks, S., Furuno, S., O'Reilly, K., Inatsuka, T., Hosaka, C., & Zeisloft-Falbey, B. (1987). *HELP . . . At home: Hawaii Early Learning Profile.* Palo Alto, CA: Vort Corp.

Schumaker, J. B., & Sherman, J. A. (1978). Parents as intervention agents from birth onward. In R. L Schiefelbusch (Ed.), *Language intervention strategies* (pp. 176–198). Baltimore: University Park Press.

Sheppard, W. C., Shank, S. B., & Wilson, D. (1973). *Teaching social behavior to young children.* Champaign, IL: Research Press.

Smith, J. C. (1985). *Relaxation dynamics: An audiotape program.* Champaign, IL: Research Press.

Stephens, T. M. (1978). *Social skills in the classroom.* Ann Arbor, MI: McNaughton & Gunn Lithographers.

Striefel, S., Bryan, K., & Aikins, D. (1974). Transfer of stimulus control from motor to verbal stimuli. *Journal of Applied Behavior Analysis, 7,* 123–135.

Striefel, S., & Eberl, D. (1974). Imitation of live and videotaped models. *Education and Training of the Mentally Retarded, 9,* 83–88.

Striefel, S., Wetherby, B., & Karlan, G. R. (1978). Developing generalized instruction following behavior in severely retarded people. *American Association of Mental Deficiency Monograph, 3,* 267–326.

45

Weiher, R. (1975). The effects of EMG feedback and videotape relaxation on frontalis activity. Logan: Utah State University.

Wesolowski, M. D., & Zencius, A. H. (1994). *A practical guide to head injury rehabilitation.* New York: Plenum Press.

Yando, R., Seitz, V., & Zigler, E. (1978). *Imitation: A developmental perspective.* Hillsdale, NJ: Erlbaum.

如何適當地給孩子甜頭？

——增強物的應用

R. V. Hall & M. L. Hall◎著
張正芬◎譯

引 言

在加強或教導新行為時，最強而有力的工具就是有系統地運用增強。本篇將說明如何選擇增強物（reinforcers）以有效改變行為。

有些人對增強物的選擇與提供頗有困擾，對行為管理的結果亦覺沮喪。本篇有感於此，乃針對此點介紹各種可用的增強物以及選擇有效增強物的基本要項，以協助讀者使用增強。若要更深入了解增強原則，可閱讀相關文獻（如，Hall, 1975; Kazdin, 1994）。

演練最好在具有行為學派背景專家的指導下進行，並依照本章實施。演練期間（兩次或兩次以上）應有專家針對演練結果給予回饋與討論。有時候，有效回饋也可透過電話提供。

教師、雇主、父母、特教班或機構的訓練人員將會發現本篇非常有用。選擇與使用適當的增強物，是解決許多行為、學習及教育問題的根本步驟。

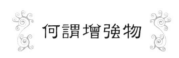

何謂增強物

在家中

愛玲泫然欲泣,她已經厭煩於嘮叨、敦促她那十五歲大的女兒雅韻整理床鋪、收拾房間了。她決定試試別人所說的法寶——增強。她告訴雅韻,若能在學期結束前的這兩個月好好鋪床、整理房間,將帶她去海邊度假一週。但令愛玲驚訝的是,一向喜歡海邊及露營的雅韻,竟說她不覺得她的房間有何不對,還說她寧願待在家中也不願去海邊度假。愛玲叫道:「妳不是一向都喜歡海邊的嗎?」雅韻只回了她:「噢!媽!」就離開了房間。

在特教班

碧貞首次擔任學前特教班老師。她和她的助教已經成功地使八位學生中的七位達到她為他們所擬訂的社會能力及學前學科技能的目標。未達到目標的是小凱。小凱不若他的同班同學一般容易被引起動機,擁抱、微笑、讚美對他似乎都無效。碧貞因此改變方式,當小凱表現適當反應時,就給他一小塊點心或喝一小口果汁,同時給予一個擁抱或讚美,不久,小凱就有了顯著的進步。他甚至對擁抱、讚美也有了反應。在學年末時,小凱僅有一項未達到預期目標。

在企業體

48

某大工廠經常有罷工情事。而一項懲罰罷工工人的計畫亦告失敗。資方因此提議設立全勤獎勵辦法,無請假紀錄的工人將可獲得特權:包括上下班免打卡、有數天的休假,以及在長時間保持全勤的優良紀錄下,偶爾請假免受懲罰……。結果所花代價極少,且一年為公司省下三千萬元(Kempen & Hall, 1977)。

　　以上三例說明了適當與不適當增強的結果。雖然大多數人都知道在提高學習動機與成就水準上,使用各類獎賞的重要性,但許多人卻忽視了選供有

效增強物所扮演的角色。在這種情況下，甚至是盡職的父母、老師或雇主都不易在期待的行為改變上獲致成功。

 ## 增強物的作用

增強物是任何一種能夠增加行為強度的東西或事情。增強則是因增強物（增強事件）而使某一行為獲得強化的過程。

換言之，若某人的行為結果是愉快的、有獎賞的，則在相似情況下此種行為將會再度出現。

▲什麼是增強物？＿＿＿＿＿＿＿＿＿＿＿＿＿＿＿＿＿＿＿＿＿＿

＿＿＿＿＿＿＿＿＿＿＿＿＿＿＿＿＿＿＿＿＿＿＿＿＿＿＿＿＿＿

▲使用增強物增強某一行為的過程稱為：＿＿＿＿＿＿＿＿＿＿＿＿

＿＿＿＿＿＿＿＿＿＿＿＿＿＿＿＿＿＿＿＿＿＿＿＿＿＿＿＿＿＿

如果你說增強物是任何一種能夠使某一行為強度增加的事物，而使用增強物增強某一行為的過程是增強，那你就答對了。

▲請描述你所看到過的運用增強物有效增強行為的情境或事件：＿＿＿＿＿

＿＿＿＿＿＿＿＿＿＿＿＿＿＿＿＿＿＿＿＿＿＿＿＿＿＿＿＿＿＿

▲請描述某人嘗試使用增強物而失敗的例子：＿＿＿＿＿＿＿＿＿＿

＿＿＿＿＿＿＿＿＿＿＿＿＿＿＿＿＿＿＿＿＿＿＿＿＿＿＿＿＿＿

 ## 增強的基本原則

增強與增強物的界定已如前所述，增強的使用看起來似乎相當簡單而直截了當，事實上亦是如此。但如果我們希望在教導適當行為時能穩操勝算，就必須知道選擇與使用增強物的一些基本原則。

▶原則一：在嘗試或觀察某一事物對行為的效力之前，不可輕言此一事物對此一行為而言是增強物

　　例如，前面第一例中，愛玲以為到海邊度假對她女兒整理房間的行為會是一種增強物，事實不然。有時候我們認為某一事物會是增強物，但在嘗試之前，誰也無法確定。如果它確實增強了行為的強度，那它就是。

▶原則二：對甲而言可能是增強物者，對乙而言則未必是

　　上述第二例中，老師試圖以擁抱與褒獎作為小凱的增強物即是。擁抱與褒獎對其他學生雖然有效，但在早期對小凱卻毫無作用，因此老師必須另外使用其他的增強物。

▶原則三：為確保效果，增強物在目標行為出現時或出現後立即給予

　　行為出現與增強物出現的時間間隔愈大，效果愈差。

▶原則四：若要有效，增強物必須是伴隨的

　　換句話說，個體必須先表現他人所要求的期待行為方可獲得增強。如果個體未表現目標行為前就先得到增強物，則此方法將不易奏效。簡言之，必須經常表現適當行為後才能得到增強物。

▶原則五：建立新行為時採連續性增強

　　訓練某項新行為的初期，在每次目標行為出現時都必須給予增強（連續性增強），以便增加行為的強度，但在行為穩固後，較少的增強（間歇性增強）往往更有助於行為的維持。

▲請用你自己的話，寫下在選擇與使用增強物時必須謹記的五項基本原則。

1. _____

2. _____

3. _____

4. _____

5. _____

請和協助你學習選擇增強物的人士核對一下，如果你們兩人都同意你完全了解這五個原則，就在這裡的□內打勾。若否，請重讀這五個原則，直至你可以打勾為止。

增強物的分類

　　請記住下面幾個重點：增強必須是附隨的；判斷所給予的事物是否為增強物的唯一方法，是觀察它是否增強了行為；增強必須在行為出現時立即提供。現在，我們將進一步介紹不同情況下可採用的各種增強物。增強物的分類方式有很多種，下面是簡易的分類法。

物質性增強物

　　物質性增強物包括有形的東西，如玩具、食物、衣服及電器用品等。任何一種物質，小至一顆糖果或速食店兒童餐的玩具，大到新的音響設備或一輛新汽車，都是物質性增強物。

▲請在下面空白處內填入至少五個不同種類的物質性增強物：

_____

_____

很多人認為增強物只限於上面所提及的物質性增強物而已,這是因這類型的增強物在早期的增強研究中使用得較廣之故。物質性增強物在經過控制的情境下相當有效,但其他類型的增強物在自然情境下卻往往更具效力。

特權的或活動性增強物

有一點很重要的,那就是很多增強物都能引起行為的動機,但在某些情況下使用物質性增強物並不適當亦不可能。例如,大部分公立學校教師覺得在教室中使用物質性增強物所費不貲或違反學校政策。此時,特權的或活動性增強物可能更為適當。對多數孩子而言,特權的、活動性增強物較食用的或小飾物往往更為有效。在學校中,這些有效的增強物通常是一些責任性的工作,如幫助老師、當視聽器材操作員、收集報紙、或在辦公室幫忙等。在家中的特權或活動,往往是睡懶覺、吃漢堡或打電動玩具等。在上班方面的特權,則可以是選擇自己喜歡的工作項目、不必打卡等。

▲請在下面空白處內針對所提供的情況,寫下至少一種可能的特權的或活動性增強物:

1. 在家中,對一個十幾歲的孩子:＿＿＿＿＿＿＿＿＿＿＿＿＿
＿＿＿＿＿＿＿＿＿＿＿＿＿＿＿＿＿＿＿＿＿＿＿＿＿＿＿＿

2. 在學校,對一個三年級的學生:＿＿＿＿＿＿＿＿＿＿＿＿＿
＿＿＿＿＿＿＿＿＿＿＿＿＿＿＿＿＿＿＿＿＿＿＿＿＿＿＿＿

3. 在辦公室,對一個秘書:＿＿＿＿＿＿＿＿＿＿＿＿＿＿＿＿
＿＿＿＿＿＿＿＿＿＿＿＿＿＿＿＿＿＿＿＿＿＿＿＿＿＿＿＿

4. 在機構,對一個智能障礙的孩子:＿＿＿＿＿＿＿＿＿＿＿＿
＿＿＿＿＿＿＿＿＿＿＿＿＿＿＿＿＿＿＿＿＿＿＿＿＿＿＿＿

請和你一起設計此計畫的人士溝通一下。如果你的意見是適當的,就在這裡的□內打勾。

社會性增強物

　　社會性增強物是指給予注意、讚賞或認可。通常包括注視、微笑、點頭、讚賞、拍手、說「謝謝」或輕拍肩膀等。對某些人而言，任何一種注意都會成為增強物，舉凡斥責、口頭懲戒、嘲弄，甚至侮辱對這些人都可能是增強物。他們經常是別人口中的搗蛋鬼或好動的人，有時他們也是「班上的小丑」。我們成人常認為他們是麻煩製造者，或不滿現狀的人。雖然他們可能被斥責、負向批評，但這些注意對他們的行為而言，卻往往具有增強的作用。

　　社會性增強物所費極少而又有效。學習傾聽別人的話、做簡潔的評論、以友善的態度微笑和反應……，幾乎每個人都可成為熟練的社會性增強物的提供者。兒童和大人若能熟練使用社會性增強物，對他們的人際關係將有相當的助益。

▲請在下面空白處，針對所提的對象，列出可能有效的社會性增強物。

1. 五個月大的嬰兒：＿＿＿＿＿＿＿＿＿＿＿＿＿＿＿＿＿＿＿＿＿＿
　＿＿＿＿＿＿＿＿＿＿＿＿＿＿＿＿＿＿＿＿＿＿＿＿＿＿＿＿＿＿＿

2. 幼稚園學生：＿＿＿＿＿＿＿＿＿＿＿＿＿＿＿＿＿＿＿＿＿＿＿＿＿
　＿＿＿＿＿＿＿＿＿＿＿＿＿＿＿＿＿＿＿＿＿＿＿＿＿＿＿＿＿＿＿

3. 十幾歲的孩子：＿＿＿＿＿＿＿＿＿＿＿＿＿＿＿＿＿＿＿＿＿＿＿＿
　＿＿＿＿＿＿＿＿＿＿＿＿＿＿＿＿＿＿＿＿＿＿＿＿＿＿＿＿＿＿＿

4. 工廠廠長：＿＿＿＿＿＿＿＿＿＿＿＿＿＿＿＿＿＿＿＿＿＿＿＿＿＿
　＿＿＿＿＿＿＿＿＿＿＿＿＿＿＿＿＿＿＿＿＿＿＿＿＿＿＿＿＿＿＿

5. 媽媽：＿＿＿＿＿＿＿＿＿＿＿＿＿＿＿＿＿＿＿＿＿＿＿＿＿＿＿＿＿
　＿＿＿＿＿＿＿＿＿＿＿＿＿＿＿＿＿＿＿＿＿＿＿＿＿＿＿＿＿＿＿

上述對象可能的社會性增強物如下：

1. 嬰兒：搔下巴、微笑、講悄悄話。

2. 幼稚園學生：笑臉小貼紙、稱讚、拍背。

3. 青少年：幾乎任何一種來自同儕的身體接觸（如握手、拍肩膀）、讚美、肯定等。

4. 工廠廠長：任何來自領班口頭或書面的認可。

5. 媽媽：來自於先生或孩子的任何感謝話或動作，如微笑、親臉、撒嬌、擁抱或愛的小紙片。

附註：第二冊第四篇「如何讓孩子朝我們期望的方向發展？——系統性注意與讚賞的應用」對社會性增強物有很完整的說明，有興趣者可參考該篇。

代幣增強物

代幣增強物是一種實物，可在事後交換物質性、活動性或社會性增強物。金錢即是代幣制增強物的一種。它能在未來交換自己期望的東西或活動。

代幣的優點為易於攜帶，因此很多場合都可使用，尤其在特教班、團體住宿家庭，及個體對讚賞、注意及其他一般所使用的增強物無反應的特別環境。代幣制廣泛應用於家庭、學校及企業。在家中，洗一個禮拜的碗累積七個圓圈就可以獲得看一場電影的權利；在學校，按時交作業換取三張貼紙就可幫老師發作業；在公司，推銷達到銷售目標就可以獲得慰勞獎金或假期……，都是代幣制的應用。

對有偏差行為的小學生而言，給他們一些籌碼、分數、點數或其他有形的東西讓他們在事後交換郊遊、點心、活動、金錢、特權、提早下課、工作的機會……，往往會使他們的行為有相當大的改變。

▲請在下面空白處描述代幣增強物：＿＿＿＿＿＿＿＿＿＿＿＿＿＿

如果你說代幣增強物是一種有形的東西（如點數、籌碼、錢……）可於稍後交換增強物（如東西、活動或遊戲等），那你就答對了。

　　有關代幣更詳盡的內容，請參考本冊第三篇「如何獎勵孩子？——代幣制的應用」。

 可能性增強物的選擇

　　當你熟悉使用增強（包括有效的增強物種類）的基本原則後，下一步就是選擇合適而可能有用的增強物了。我們使用「可能性增強物」這一名詞，主要的理由是在我們觀察到它的效果以前，我們無法確知所選擇的是否就是能增強行為的增強物。

▶**步驟一：考慮擬改變對象的年齡、興趣及喜好**

　　以前面的例子為例，媽媽為了讓她女兒能整理房間，所以提出的可能性增強物為帶她到海邊度假。此增強物不曾奏效的原因之一是，父母對增強物相對要求的行為太多，另一個可能的原因是行為與增強物相隔的時間太長（兩個月）。還有一個重要的可能性是，父母忽略了一個十五、六歲大的孩子，可能寧願和她的同伴待在家中，而不願再像以前一樣和父母去度假，這時同伴遠較父母或其他成人更具社會性增強效力。同樣地，老師對國小二年級的小明說：「看你做得好棒喔！我真以你為榮。」可能會使小明做得更好，但如果這一段話是說給國中生聽，那他可能不會再繼續努力，以免引起老師這樣的讚賞。

　　因此，選擇增強物時，應考慮擬增強對象的年齡、性別、興趣及背景等。

▲請於下列空白處，填入你擬增強對象的姓名、年齡及與你的關係（如學生、女兒、個案、職員等）。

姓名：＿＿＿＿＿＿＿＿＿＿＿＿＿＿＿＿＿＿＿＿＿＿＿＿＿＿＿＿

年齡：＿＿＿＿＿＿＿＿＿＿＿＿＿＿＿＿＿＿＿＿＿＿＿＿＿＿＿＿

關係：＿＿＿＿＿＿＿＿＿＿＿＿＿＿＿＿＿＿＿＿＿＿＿＿＿＿＿＿

▶步驟二：考慮擬由增強物增強的行為

　　若有老闆提議於週末加班並以一杯飲料作為獎賞，相信不會有人願意接受這項建議。相反地，若父母親提出購買一輛腳踏車作為孩子們清掃庭院落葉的獎賞，則效果可能很大。但這可能使得父母無法針對孩子幫忙一些小家事而提供適當的增強物。在選擇要被增強的行為時，應將所需時間及努力列為考慮因素內。

請於下面空白處，敘明你想增強的行為。敘述時請儘量明確地說出要增強的是什麼行為。例如，「每當小麗說『謝謝』時我就增強她，而非含糊地說：「每當小麗有禮貌時，我就增強她」。另個例子，「林小姐每次打字零錯誤時，我就增強她」，而非「林小姐打字進步時增強她」。另外，亦需說明行為發生的時間與地點。例如「麗芳在數學或語文課結束時，能交出 80%或80%以上的作業時就給予增強」，或「小寶能在晚上八點三十分經提醒上床的二十五分鐘內（即八點五十五分）上床準備睡覺就給予增強。」

▲請寫出你想增強某人的何種行為：

＿＿＿＿＿＿＿＿＿＿＿＿＿＿＿＿＿＿＿＿＿＿＿＿＿＿＿＿＿＿＿＿＿＿＿＿＿

＿＿＿＿＿＿＿＿＿＿＿＿＿＿＿＿＿＿＿＿＿＿＿＿＿＿＿＿＿＿＿＿＿＿＿＿＿

請與你的夥伴檢討你所擬的行為。若你們兩人皆同意你所擬的行為有良好的定義（包括誰、做什麼、什麼時候、在何種情況），請在這裡的□內打勾。若否，請重寫一遍，直至你覺得可以在□內打勾為止。

▶ **步驟三：當你確定擬改變的特定行為，並已收集好對方的年齡、興趣、喜惡等資料時，即可列出可能性增強物**

▲ 現在列出三種你認為可能對增強行為有效的增強物，一為物質性增強物，一為特權的或活動性增強物，另一為社會性增強物。

可能的物質性增強物

1. _____

2. _____

3. _____

可能的活動性增強物

1. _____

2. _____

3. _____

可能的社會性增強物

1. _____

2. _____

3. _____

在列出可能性增強物時，若有疑慮，可參考本篇最後的建議。若仍無法確定哪些可能性增強物可資利用，不妨繼續往下看步驟四與步驟五。

▶步驟四：應用伯麥克原則（**Premack Principle**）

一個協助我們了解何種結果是增強的方法，就是觀察對方的行為。什麼事是他喜歡做的？David Premack（1959）發現，高頻率出現的行為能夠用於增強一些低頻率出現的行為。他發現，幼稚園兒童能經由提供他們跑跳的機會來增強他們靜坐一會兒的行為。雖然高頻率行為不見得全然能拿來作為增強物，但有時候能提供我們很好的線索去尋找可用的增強物。舉例而言，唱片對經常聽音樂的人而言，可能是最好的物質性增強物。到球場玩對喜歡聽收音機轉播球賽的人而言，可能是有效的活動性增強物；而打五分鐘電話對常常喜歡用電話與人聊天的人而言，會有相當的增強力量。

▲現在請回顧你在步驟三所寫的可能性增強物。有哪一種和高頻率行為是有關嗎？若有，請將它寫出來。若沒有，請繼續觀察，若確實有高頻率行為可作為可能性增強物者，請列在下面：

1. _____

2. _____

3. _____

▶步驟五：考慮直接問對方

另外一個決定增強物的方式是問對方他想做什麼或得到什麼？有時我們認為是增強物者，其實卻不然。父母經常為自己付出所得到的回報是斷然的

拒絕而感到生氣或懊惱。因此我們建議，與其在事情發生後生氣，不如先問孩子他們喜歡什麼。但是，用詢問的方式選擇增強物並非萬無一失，研究指出，人們有時候也會對自己所選擇的報酬不產生反應。為減少這種可能性，最好要求對方開列一張增強物清單，或他可能會高興收到的增強物清單。有些研究指出，人們愈被增強去參與選擇欲增強的行為（一如可取得的增強物），成功的機會就愈大（Piazza, Fisher, Hagopian, Bowman, & Toole, 1996）。這是為什麼契約對十幾歲的少年或配偶特別有效的原因。契約行為與增強物是其中兩大基本要素，因此契約的雙方均對契約感到滿意。若你對契約與選擇增強物有關的其他問題感興趣的話，請參考第四冊第三篇「如何與孩子約法三章？——行為契約法的應用」。

現在，你可以問問對方，你所想到的增強物是否合適？甚至還可以問他，有沒有其他想要的東西？

▲現在，請在下面空白處寫下對方建議的可能性增強物。

1. _____

2. _____

3. _____

▶步驟六：考慮新奇的增強物

人常為獲得新奇的經驗而工作。父母或老師也發現，當他們在答應孩子做完功課後可得到一個「驚喜」時，孩子們總是格外地努力做功課。父母、團體住宿家庭主任、機構老師、銷售顧問等都已熟練於提供各種增強物以維持行為的顯著進步（Egel, 1981）。他們體認到不同的增強物效果遠勝於總是使用同一增強物。尤其是口頭增強時更需注意使用不同的話語。如果某人老是使用同一句話做增強，對方可能會厭煩於聽到這句話。例如，如果某人的

讚美話始終只有一句「非常好！非常好！」對重複聽過無數次的人來說，不啻是一句懲罰的話。

▲本篇最後提出新奇的增強物、代幣增強物及社會性增強物等，供讀者參考。閱讀完上述原則後，請列出三至四種你打算增強某人某種行為時可採用的不同或新奇的增強物。

1.＿＿＿＿＿＿＿＿＿＿＿＿＿＿＿＿＿＿＿＿＿＿＿＿＿＿＿＿

2.＿＿＿＿＿＿＿＿＿＿＿＿＿＿＿＿＿＿＿＿＿＿＿＿＿＿＿＿

3.＿＿＿＿＿＿＿＿＿＿＿＿＿＿＿＿＿＿＿＿＿＿＿＿＿＿＿＿

4.＿＿＿＿＿＿＿＿＿＿＿＿＿＿＿＿＿＿＿＿＿＿＿＿＿＿＿＿

▶步驟七：考慮自然增強物

　　自然增強物是在一般情境中自然就有效的增強物，尤其是在擬增強的行為出現後立即伴隨提供時更易奏效。如老師提供自由閱讀時間、競賽活動、小老師及其他班上特權都是好的自然增強物。有些父母給子女特別的點心，或在睡前講一個故事，或提供和父母一起做家事的機會等皆是。父母提供類似此種自然增強物較之提供糖果、餅乾或其他物質性增強物更為容易。同樣地，老師或雇主對他們的學生或員工提供認同或特權，將較提供其他增強物更為省錢及容易。

　　使用自然增強物的另一優點是，在行為已經建立後，對個體更有效，在自然情境中，縱使你不再對擬增強的行為繼續提供增強，但自然情境中仍有其他增強的來源。稱讚與認同較之玩具、獎品或其他有形物質對個體出現良好的行為更具增強效果。

　　許多時候，父母、教師、雇主或其他人並未以伴隨的方式提供可能的自然增強物，當他們的孩子、學生或員工不為所動時，就感到困擾，而被迫採

取責罵、嘮叨、處罰或其他方式以獲得期望行為之出現。

　　如果老師、父母或老闆能在行為出現之後自然而然地給予增強，如注意、特權或其他增強物，則大部分問題都能得到解決。舉例而言，父母可以零用錢、看電視或孩子喜歡的事作為增強物，要孩子們做家事、功課或其他事，而不必訴之於負向的處理。當雇主覺得員工表現良好時，可以讚美他們並同時給予口頭及書面的表揚，但對於未使用這些自然且方便的增強物的雇主而言，並無道義或動機上的問題。

　　由於自然增強物有上述的優點，因此你應該考慮多採用。如果它有效，它將會比其他精心設計的增強物更易取得及使用。但自然增強物對某些特定人士並非總是有效。這時候可能就必須有精心設計的增強物才有足夠的效力使行為建立，但也必須儘量在短時間內轉換為自然增強物（Communidad Los Horcones, 1992）。如本篇前面的例子，老師首先以小點心、小口果汁作為小凱學習的增強物，隨後，以讚美、擁抱伴隨果汁、點心出現，到最後，只要以讚美、擁抱等社會性增強物就能增強小凱的行為。

▲現在，請用自己的話描述何謂自然增強物：

_____

_____

如果你說自然增強物是隨手可得的，或情境的一部分，那你就答對了。

▲現在請列出你可能會使用的自然增強物：

1. _____

2. _____

3. _____

▶步驟八：選擇擬使用的增強物

現在你已經列出了一些可能性增強物、考量過伯麥克原則、問過對方想要什麼，並選出了新奇的及自然增強物。現在是你為你即將增強的行為決定增強物的時刻了。回想一下前面所提到的七個步驟，然後決定哪一種可能性增強物最適當。選擇時，可從增強物的力量、有效性及容易度幾個方面加以考量。

▶步驟九：記錄行為

你已經選好擬增強的行為與可能性增強物後，便可以開始記錄行為的出現情形。了解所選擇者是否為增強物的唯一方法，是觀察它是否增強了行為的強度，因此在正式開始之前，先行記錄所擬改變的行為，不失為一良好的方法。紀錄可以是非正式的，但評量要正確，不論是開始實施增強之前或之後，這樣我們才能確知所做的是否有效。有關「行為評量」的詳細介紹，請參考《行為處理：第一部，行為評量》（*Managing Behavior: Part 1. The Measurement of Behavior;* Hall & Van Houten, 1983）。通常我們會採取下面幾種評量方式：計算行為出現次數、測量行為持續時間或計算行為結果。現在簡單介紹如下。

1. 計算行為次數

許多行為是能被計算的。舉例而言，我們能輕易記錄孩子是否準時回家、生意合夥人說出幾次正向的評論，或學生在班上自告奮勇的次數。我們也能計算負向行為，諸如發脾氣、怒罵等。這些行為可透過增強適當行為而被減少。

記錄類似行為最簡便而常用的方法就是用筆在紙上劃記（例如 卌 ），口袋型或腕型記錄器也常被使用。

2. 測量行為時間

記錄某些行為最好的方法就是測量它的時間。舉例而言，一位母親為兒子每天早上花很多時間穿衣服而傷腦筋，她開始計算從兒子起床到他完全穿

好衣服所花的時間。她發現兒子每次穿衣服平均花了近三個鐘頭。此外，某些行為，如吸吮手指頭、完成工作所需時間或練琴等皆可採用時間評量法。

3. 計算行為結果

有些行為因有結果呈現故可加以計算。舉例而言，父母要知道床鋪了沒有、垃圾倒了沒有，只消看一下床及垃圾桶即可。老師要知道學生完成多少指定作業，只要看一看作業就可以了。老闆要知道工作是否完成只需查看工作成果即可知道。

在你開始實施增強之前，請就前面提供的增強方式任選一種，以便評量及記錄行為。

在開始增強之後，也要持續記錄以了解行為的增強效果。下面例子是記錄一個女孩做五種家事的情形。

記錄表範例：行為與增強物

日期	做家事次數	完成次數	說明
2 月 5 日	‖	2	我罵她五次後做了兩次。
2 月 6 日		0	她父親威脅她，如果不做家事就要打屁股。
2 月 7 日	‖‖	3	我必須做剩餘的兩種家事，因為她的朋友來了。
2 月 8 日	‖	1	她說我對她要求太多，她顯得生氣而難過。
2 月 9 日	‖‖‖	5	她得到五十元，因為五種家事都做到了。
2 月 10 日	‖‖‖	4	她抱怨說，做了四種家事，但是沒得到半毛零用錢。
2 月 11 日	‖‖‖	5	她做了所有應做的家事，我們都褒獎她。
2 月 13 日	‖‖‖	5	得到五十元零用錢及褒獎。
2 月 14 日	‖‖‖	5	得到五十元零用錢及褒獎，她說喜歡用這種方式賺錢。

這份紀錄包括行為的計算及每天的總次數，第四欄是讓父母寫意見以備和諮商員或指導者討論用。第四天（二月八日）下面的點線表示開始使用增強物。你最好在使用增強物前三、四天就開始記錄擬增強的行為以獲得目前之水準。如果你發現這行為並不像想像中那麼嚴重，可考慮重新選擇另一行為來增強。

你應在執行增強前幾天就開始記錄你希望增強的行為。利用現有表格或有格的紙即可，至少要記錄三天，以了解此行為目前的出現情形。如果你發現行為不如你預期的那麼有問題，你可以考慮換一個行為去增強。

▲請在下面空白處，寫出由紀錄所獲知的行為水準：

_____

_____

▲如果你增強某行為達數天之久且感到厭煩時，檢查你的紀錄，看看你的紀錄告訴你，增強行為有了什麼樣的效果？

_____

_____

利用下一頁的表格記錄你用增強物擬改變的行為出現情況。

記錄表：行為與增強物

日期	行為紀錄	總計	說明

增強物失靈時應考慮的因素

1. 你在行為出現之後馬上提供增強物嗎？ □是 □不是
   記住，縱使只是幾分鐘的延宕都有可能使增強物失敗。有些人無法等到週末或一天之後才得到增強物。這時候，你必須在期望行為出現時，就立刻提供增強物。

2. 你的增強物是伴隨的嗎？ □是 □不是
   你確定你扣留了增強物，直到個體的行為出現以後才給嗎？如果他無論是否表現某種行為都能得到增強物，那他將會很快學會不做反應。

3. 在目標行為出現時，你是否每次都增強？ □是 □不是
   為了建立較高層次的行為，必須經常提供增強。在更換增強物之前，可嘗試更頻繁的增強，看看是否有期望的結果產生。

4. 如果你確定你的增強物是伴隨行為而生，而且你總是在行為出現後立即提供，那麼就要考慮使用不同的增強物。請記住，只有在這個東西能使行為增加時，它才是增強物。如果你覺得你必須考慮其他的增強物，可將它們列出來。

(1) _____

(2) _____

(3) _____

5. 嘗試增強物樣本。可能的增強物有時不見得有效，因為使用者對它們不熟悉或不曾使用過所致。Allyon 和 Azrin（1968b）的研究指出，精神病院的病人在被允許看電影及選擇其他可能性增強物之後，他們發現病人會為看電影或其他增強物而做事，甚至是那些以往他們拒絕做的。老師為了引起學生的閱讀動機而為他們講述書中最精采的部分；或在教了學生某種新遊戲之後，告訴他們在做完分內工作時能玩更久的時間，這些都是增強物樣本的應用。而商界在推銷新產品時，往往以較低的價格促銷以換取顧客的試用及日後的大量購買，這也是增強物樣本的應用。也許你也可以對你的對象提供一些增強物樣本，並告訴他說：「如果你還想要，你可以得到，只要你做這個。」

6. 請和你的同伴討論更改增強物的適切性。如果你決定更換增強物，請繼續記錄行為並指出從何時開始使用新的增強物。

通常，我們都必須試過兩、三種可能性增強物後，才會找到確實有效的增強物。可是如果你能遵照本篇的建議去做，一般來說，通常都會一舉成功的。

如何維持行為

如果你增強行為成功，便可試著以較低頻率的增強來維持行為。通常，以較低頻率的增強來維持已經被建立的行為是簡單易行的。舉例而言，如果

孩子每天幫忙做家事便可得到零用錢，現在可試著三天甚至一個禮拜給一次零用錢。連續性增強在行為建立初期或許必要，但愈來愈少次數的增強更能使行為維持下去。這也意味著你可以使用連續性增強去增加其他新行為的產生。

在行為維持階段，你也必須考慮多樣化的增強物。多樣化的增強物，包括自然情境的增強物、正向的社會性增強物。它們能很輕易地伴隨物質性、活動的及代幣增強物出現。各式各樣的增強物，能避免個體對某一增強物產生厭倦。如果某人能因特定行為而獲得大量的增強，則此行為本身會變得具有增強力。同樣地，如果某人經常因進行工作而得到增強，到後來，工作本身就能使他們覺得有代價。換句話說，他們有了自我動機，而增強的目標就是要使個體對本身的日常生活感到有價值、有報酬。

如果你曾經對引發某人的行為動機有過成功的經驗，請試著去增強其他行為。大量使用增強的人往往比那些吝於使用增強者更為成功。增強的給予者是有福氣的，因為其他人通常也會回報以增強。因此，一個人增強給的愈多，他所得到的回報也愈多。這也是為什麼以增強去影響別人的父母、教師、雇主，往往比企圖用負回饋去影響別人者，在他們的工作上或角色上更容易獲得回報的原因。

擁有選擇與使用增強物的能力使我們的生活更具效力、報酬與滿足感。

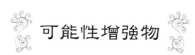

可能性增強物

以下列出一些對不同年齡個體在不同場合，如家裡、學校、工作場合、機構等所可以使用的各種可能性增強物。

嬰幼兒的可能性增強物

1. 社會性增強物：

(1) 口語上：「好寶寶」、「乖娃娃」、「好棒」、「好能幹」以及哼唱童謠等。

(2) 身體上：親吻、視線接觸、擁抱、微笑、大笑、撫摸下巴、呵癢等。

2. 物質性增強物：閃亮的東西、電動玩具、音樂玩具、絨毛玩具、水、果汁或牛奶等。

3. 活動性增強物：歌唱、搖晃、坐嬰兒車（車子、腳踏車）、盪鞦韆、騎在大人肩膀上或背上、坐在大人腿上、坐在高椅或嬰兒椅上看人等。

學齡前兒童的可能性增強物

1. 社會性增強物：

(1) 口語上：

- 特別的讚美。
- 間接讚美（告訴其他人他們是如何的好）。
- 建議的字眼或語句：「是的」、「很好」、「對的」、「很棒」、「嗯嗯」、「繼續做」、「OK」、「很美」、「做得好」、「我很高興」、「我以你為榮」、「告訴我們你怎麼做的」、「你很有禮貌」、「很高興見到你」、「再做一次給我看」等。

(2) 身體上：擁抱、親吻、視線接觸、呵癢、眨眼、握手、撫摸、拋接或在半空中旋轉、騎馬、輕拍背部、跳上跳下、捏鼻子等。

2. 物質性增強物：玩具、氣球、書本、拼圖、雜誌、喜愛的點心、零用錢等。

3. 活動性增強物：到圖書館、公園、動物園等任何特定戶外玩，和爸媽一起做事、和朋友玩、和爸媽睡、聽音樂或故事（唱歌）、玩沙箱或鞦韆、和祖父母或喜愛的成人共度夜晚、飼養寵物的機會、玩遊戲（和爸媽玩捉迷藏）、手指遊戲、對著錄音機講話（聽錄音機）、外出吃飯、吃點心、看電影、穿爸媽的衣服或化妝（女孩）、玩黏土或陶土、在浴缸玩較久的時間或不洗澡一次、和大人一起坐車或騎腳踏車、延長睡覺時間、看電視、外出（白天或晚上）、幫大人拿包包、代幣增強物、幫忙煮飯

或選菜色、幫忙澆花……。

小學生（五至十一歲）在家的可能性增強物

1. 社會性增強物：

(1) 口語上：

- 特別的讚美。
- 間接讚美（告訴其他人他們是如何的好）。
- 建議的字眼或語句：「是的」、「OK」、「好的」、「很棒」、「好答案」、「棒極了」、「很不錯」、「美極了」、「真新鮮」、「耶！」、「完全正確」、「答對了」、「滿分」、「的確是」、「正是如此」、「繼續」、「反應很快」、「妙極了」、「當然」、「你真聰明」、「我很高興」、「謝謝」、「真高興你在這裡」、「你真叫我高興」、「你表現得真好」、「我真以你為榮」、「我們好想你」、「你好體貼」、「告訴我，那個要怎麼做」、「我喜歡那個」、「這是最好的」、「沒有人做得比你好」、「讓我們把它擺在……」、「把這個給你爸爸（媽媽）看」等。

(2) 身體上：擁抱、親吻、視線接觸、握手、點頭、豎大拇指、微笑、摸頭、做鬼臉等。

2. 物質性增強物：玩具、腳踏車、三輪車、寵物、書、拼圖、玩具、食物、自己的房間、衣服、樂器、溜冰鞋、滑板、自己的音響、個人物品——吹風機、梳子、字典等。

3. 活動性增強物：和爸媽玩遊戲、和爸媽在一起、特別的外出、讀書、晚上和朋友或親戚在一起、在特殊日子裝飾房間或屋子、幫忙爸媽做家事（煮飯、掃庭院……）、餵小娃娃、延長上床時間、購物、在外用餐、計劃一天的活動、看電視或聽音樂、免做一天的家事、使用電話、上才藝班（如音樂、舞蹈、美術班……）等。

69

4.代幣增強物：在紙上貼星星、撲克牌、零用錢等。

小學生（五至十一歲）在學校的可能性增強物

1. 社會性增強物：

(1) 口語上：

* 特別的褒獎。

* 非直接的褒獎（告訴他人他做了什麼或完成了什麼）、張貼照片（本月學生）、張貼學生作品、圖示進步情形、愉快的笑臉、在作業簿上寫大紅的「甲」、告訴家長的良好表現、在紙上寫正向的評語等。

* 建議的字眼或語句：「是的」、「好」、「OK」、「很好」、「很棒」、「太好了」、「真聰明」、「好能幹」、「太美了」、「我好高興」、「真令人滿意」、「好極了」、「繼續做吧」、「完全正確」、「答對了」、「好主意」、「好答案」、「你做得真好」、「謝謝」、「我真以你為榮」、「你說的真好」、「我喜歡你那樣說」、「我很高興有你這樣的學生」、「好學生」、「告訴我們你怎麼做的」、「沒有比這個更好的了」等。

(2) 身體上：微笑、點頭、目光接觸、身體接觸、豎大拇指等。

2. 物質性增強物：食物、選擇教室的座位、特別的筆、球，或其他校內的體育器材等。

3. 活動性增強物：當班長（排長、股長、值日生、小老師、糾察員）、到圖書館看書、有自由時間做喜歡做的事：如到活動角、聽音樂、看書、寫東西、拜訪朋友、免做功課、提早回家、發作業、唸故事給同學聽、免打掃教室、當司儀等。

4. 代幣增強物：點數、笑臉、星星貼紙、特別徽章、榮譽卡等。

中學生（十二至十四歲）在家的可能性增強物

1. 社會性增強物：

(1) 口語上：

- 特殊的褒獎。
- 開玩笑。
- 建議的字眼或語句：「太好了」、「好極了」、「很棒」、「好清爽」、「我以你為榮」、「我喜歡你的行為」、「你真體貼」、「你真細心」、「你讓我好高興」、「你幫了不少忙」、「你真能幹」、「告訴我們你怎麼做的」、「你真用功」等。

(2) 身體上：微笑、目光接觸、身體接觸、點頭等。

2. 物質性增強物：喜愛的食物、點心、衣服、書和雜誌、錄音機、音響、CD、郵票、腳踏車、電動玩具、吹風機、自己的房間、小飾物、百寶箱、置物櫃、運動器材、自己的寵物等。

3. 活動性增強物：和朋友參加活動、特別的才藝班（如音樂班、體能班、美術班……）、溜冰、滑板、騎車、打電話時間、玩音響、選擇自己上床的時間、和朋友夜遊、賺錢的機會、看電視選台的機會、家庭會議當主席、參加夏令營或暑期活動、留喜愛的髮型、和同學郊遊、和父母討論、參加學校活動、和同學在外用餐、看電影等。

4. 代幣增強物：點數、錢等。

中學生（十二至十四歲）在學校的可能性增強物

1. 社會性增強物：

(1) 口語上：

- 特殊的褒獎。

- 開玩笑。
- 非直接的褒獎（如告訴他人他做了什麼或完成了什麼）。
- 建議的字眼或語句：「是的」、「很好」、「做得不錯」、「好極了」、「很棒」、「很乾淨」、「再做一次」、「你做了很好的選擇」等。

(2) 身體上：微笑、點頭、目光接觸、拍肩膀、豎大拇指等。

2. 活動性增強物：有時間到活動中心、聽音樂、閱讀課外書、戶外活動、選擇座位、做小老師或幹部、免做家庭作業等。

3. 代幣增強物：點數、榮譽卡。

高中生（十五至十八歲）在家的可能性增強物

1. 社會性增強物：

(1) 口語上：

- 特殊的褒獎。
- 開玩笑。
- 非直接的褒獎（如告訴他人他做了什麼或完成了什麼）。
- 建議的字眼或語句：「好的」、「不錯」、「好極了」、「很棒」、「做得很好」、「你真聰明」、「我很高興」、「都是令人驕傲的事」、「加油」、「你可以做得更好」、「你很體貼、細心」、「你表現得很好」、「我以你為榮」、「繼續做」、「你的房間好乾淨」、「你整理得真好」、「你好自動」、「你的建議很好」、「你有什麼看法」、「你要不要給點建議」等。

(2) 身體上：微笑、目光接觸、點頭、身體接觸（必須青少年同意）等。

2. 物質性增強物：書籍、寵物、娛樂器材、體育用品、樂器（如吉他、風琴）、音響、工具、機車、腳踏車、電腦、電視、自己的電話（例如分機）、衣服、吹風機、梳妝台、喜愛的食物、零用錢等。

3. 活動性增強物：烹飪、設計全家的旅遊活動、開車或騎機車、看電視、電影、聽音樂、和朋友用電話聊天、參加音樂會、體育或戶外活動、參加同學聚會、和朋友聊天、在外用餐、逛街、購物、和朋友夜遊、和朋友在外過夜等。

4. 代幣增強物：分數、點數、錢等。

高中生（十五至十八歲）在學校的可能性增強物

1. 社會性增強物：

(1) 口語上：

- 特殊的褒獎。
- 開玩笑。
- 非直接的褒獎（如告訴別人他的表現）。
- 建議的字眼或語句（大致與中學生同）：「好極了」、「真不錯」、「很有見地」、「很特別」、「這個目標很好」、「你很用心」、「我認為你做得很好，繼續加油」、「我喜歡這樣」、「我真高興你在班上」、「你的看法如何」等。

(2) 身體上：微笑、點頭、目光接觸、豎大拇指、OK 的手勢等。

2. 活動性增強物：到圖書館看書、參加社團活動、戶外活動、選擇座位、聽音樂、看課外書、雜誌、報紙、免做家庭作業等。

3. 代幣增強物：分數、點數、榮譽卡等。

成人在家的可能性增強物

1. 社會性增強物：

(1) 口語或文字：

- 特別的褒獎、正向回饋。

- 間接褒獎（告訴別人他的表現）。

- 一張感謝的便條。

- 建議的字眼或語句（含有感謝與真情的任何字眼）：「我喜歡你」、「你真好」、「好體貼」、「我愛你」、「你今天很漂亮」、「你看起來很有精神」、「我喜歡你的樣子」、「你做得真仔細」、「你真有趣」、「你好迷人」、「我好高興」、「你在家真好」、「我喜歡你待人的態度」、「你很周到」、「告訴我你怎麼做到的」、「我真以你為榮」、「你覺得如何」、「照你的方式做做看」等。

(2) 身體上：微笑、點頭、目光接觸、身體接觸（擁抱、親吻、握手、拍肩）、愉快的語調等。

2. 物質性增強物：衣服、休閒物品、喜愛的晚餐、雜誌、書籍、體育用品、家庭用品、錢、車子、飾物等。

3. 活動性增強物：特別的信、電話或留言、玩撲克牌、下棋、戶外活動、在外用餐、朋友小聚、旅遊、協助清潔工作（打掃房間、洗車……）、拜訪朋友、逛街、購物、看電影、電視、聽音樂會、逛畫廊、獨自在家等。

4. 代幣增強物：錢、禮券、圖書券等。

⑦ 成人在工作場合的可能性增強物

1. 社會性增強物：

(1) 口語上：

- 特別的褒獎。

- 間接褒獎（告訴別人他的表現）。

- 團體認同。

- 他人的回饋。

- 感謝或同意的話。
- 建議的字眼或語句：「謝謝你」、「你做得很好」、「我很高興和你共事」、「好極了」、「速度真快」、「很有效率」、「很負責」、「很認真」、「好棒的點子」、「我喜歡你待人的態度」、「你能告訴我你是怎麼做的嗎」、「公司將會以你為榮」、「你是好夥伴」等。

(2) 身體上：微笑、點頭、同意、握手、目光接觸、拍肩等。

2. 物質性增強物：獎品（如電視、音響、家庭用品）、感謝信、花、特別的停車位、服務證、榮譽卡、交通費、咖啡、食物（免費的午餐或點心）、新的辦公家具或設備、休閒設備等。

3. 活動性增強物：午茶時間、公司聚會、員工講習、在職聚會、到外地或其他公司考察、國內外旅遊、海外受訓、轉換工作內容或部門、升遷、私人的工作空間、休假制度、向客戶做簡報、擁有私人秘書或助理、表達意見的機會、主持會議等。

4. 代幣增強物：增加工作獎金、年終獎金、分數、考績等。

在機構中的可能性增強物

1. 社會性增強物：

(1) 口語上：

- 特別的褒獎。
- 間接褒獎（告訴別人他的表現）。
- 團體認同。
- 他人的回饋。
- 建議的字眼或語句：「好」、「謝謝」、「很棒」、「OK」、「好主意」、「我以你為榮」、「你做得很好」、「再做一次」、「這好多了」、「我喜歡它」、「你是個好幫手」等。

(2) 身體上：微笑、身體接觸、握手等。

2. 物質性增強物：點心、私人房間、獎章、獎品、獎牌、選擇家具、衣物、自己工作中的照片、喜愛的食物等。

3. 活動性增強物：自由時間、和工作人員共進午餐、看電視（聽收音機、CD）的權利、上休閒室（娛樂室）的權利、外出、選擇辦公用品（桌子、椅子）、改善工作設備、員工自強活動、當領班、工頭、有訪客時間、使用電話、其他員工福利措施等。

4. 代幣增強物：能換取特權的笑臉、代表良好行為工作表現的分數或考績、錢或兌換幣等。

參考文獻與延伸閱讀

Allen, K. E., & Harris, F. R. (1966). Elimination of a child's excessive scratching by training the mother in reinforcement procedures. *Behavior Research and Therapy, 4,* 79–84.

Axelrod, S. (1983). *Behavior modification for the classroom teacher.* New York: McGraw-Hill.

Ayllon, T., & Azrin, N. H. (1968a). Reinforcer sampling: A technique for increasing the behavior of mental patients. *Journal of Applied Behavior Analysis, 1,* 13–20.

Ayllon, T., & Azrin, N. H. (1968b). *The token economy: A motivational system for therapy and rehabilitation.* New York: Appleton-Century-Crofts.

Ayllon, T., (in press). *How to set up a token economy.* Austin, TX: PRO-ED.

Brown, R. E., Copeland, R. E., & Hall, R. V. (1972). The school principal as a behavior modifier. *Journal of Educational Research, 66,* 175–180.

Communidad Los Horcones. (1992). Natural reinforcement: A way to improve education. *Journal of Applied Behavior Analysis, 25,* 71–75.

Egel, A. L. (1981). Reinforcer variation: Implications for motivating developmentally disabled children. *Journal of Applied Behavior Analysis, 14,* 345–350.

Hall, R. V. (1970). Reinforcement procedures and the increase in functional speech by a brain-injured child. *American Speech and Hearing Association Monograph, 14,* 48–59.

Hall, R. V. (1974). *Managing behavior: Part 3. Applications in School and Home.* Austin, TX: PRO-ED.

Hall, R. V. (1975). *Managing behavior: Part 2. Basic principles.* Austin, TX: PRO-ED.

Hall, R. V., Axelrod, S., Tyler, L., Grief, E., Jones, F., & Robertson, R. (1972). Modification of behavior problems in the home with a parent as observer and experimenter. *Journal of Applied Behavior Analysis, 5,* 53–64.

Hall, R. V., & Broden, M. (1967). Behavior changes in brain-injured children through social reinforcement. *Journal of Experimental Child Psychology, 5,* 463–479.

Hall, R. V., Fox, R., Willard, D., Goldsmith, L., Emerson, M., Owen, M., Davis, F., & Porcia, E. (1971). The teacher as observer and experimenter in the modification of disputing and talking out behaviors. *Journal of Applied Behavior Analysis, 4,* 141–149.

Hall, R. V., & Hall, M. L. (1998a). *How to negotiate a behavioral contract.* Austin, TX: PRO-ED.

Hall, R. V., & Hall, M. L. (1998b). *How to use systematic attention and approval.* Austin, TX: PRO-ED.

Hall, R. V., Lund, D., & Jackson, D. (1968). Effects of teacher attention on study behavior. *Journal of Applied Behavior Analysis, 1,* 1–12.

Hall, R. V., & Van Houten, R. (1983). *Managing behavior: Part 1. The measurement of behavior.* Austin, TX: PRO-ED.

Hart, B. M., Allen, K. E., Buell, J. S., Harris, F. R., & Wolf, M. M. (1964). Effects of social reinforcement on operant crying. *Journal of Experimental Child Psychology, 1,* 145–153.

Homme, L. E., Debaca, P. C., Devine, J. V., Steinhorst, R., & Richert, E. J. (1963). Use of the Premack principle in controlling the behavior of nursery school children. *Journal of the Experimental Analysis of Behavior, 6,* 544.

Kazdin, A. E. (1994). *Behavior modification in applied settings.* Pacific Grove, CA: Brooks/Cole.

Kazdin, A. E., & Klock, J. (1973). The effect of nonverbal teacher approval on student attentive behavior. *Journal of Applied Behavior Analysis, 6,* 643–654.

Kempen, R. W., & Hall, R. V. (1977). Reduction of industrial absenteeism: Results of a behavioral approach. *Journal of Organizational Behavior Management, 1,* 1–21.

Lovitt, T., & Curtiss, K. A. (1969). Academic response rate as a function of teacher and self-imposed contingencies. *Journal of Applied Behavior Analysis, 2,* 49–53.

McKenzie, H. S., Clark, M., Wolf, M. M., Kothera, R., & Benson, C. (1968). Behavior modification of children with learning disabilities using grades as tokens and allowances as back-up reinforcers. *Exceptional Children, 34,* 745–753.

Piazza, C. C., Fisher, W. W., Hagopian, L. P., Bowman, L. G., & Toole, L. (1996). Using a choice assessment to predict reinforcer effectiveness. *Journal of Applied Behavior Analysis, 29,* 1–9.

Premack, D. (1959). Toward empirical behavior laws: I. Positive reinforcement. *Psychological Review, 66,* 219–233.

Reynolds, N., & Risley, T. (1968). The role of social and material reinforcers in increasing talking of a disadvantaged preschool child. *Journal of Applied Behavior Analysis, 1,* 253–262.

Smith, K. G., Iwata, B. A., & Shore, B. A. (1995). Effects of subject-versus experimenter-selected reinforcers on the behavior of individuals with profound developmental disabilities. *Journal of Applied Behavior Analysis, 28,* 61–71.

Sulzer-Azeroff, B., & Mayer, G. R. (1991). *Behavior analysis for lasting change.* Fort Worth, TX: Holt, Rinehart and Winston.

Wahler, R. G., Winkel, G. H., Peterson, R. F., & Morrison, D. C. (1965). Mothers as behavior therapists for their own children. *Behavior Research and Therapy, 3,* 113–124.

Wolf, M. M., Giles, D. K., & Hall, R. V. (1968). Experiments with token reinforcement in a remedial classroom. *Behavior Research and Therapy, 6,* 51–64.

Wolf, M., Risley, T., & Mees, H. (1964). Application of operant conditioning procedures to the behavior problems of an autistic child. *Behavior Research and Therapy, 1,* 305–312.

如何獎勵孩子？

——代幣制的應用

T. Ayllon◎著
邱紹春◎譯

引言

　　1961 年，我在伊利諾州安娜州立醫院與 Nate Azrin 開始了七年的令人興奮的合作，在那裡我們建立了第一個治療與復健動機系統的研究方案。我們的研究採用了有關透過代幣增強對行為影響的基本程序。

　　在一開始，我們界定代幣或積點制度成功或失敗的條件。這些程序現在經常被教導並被家長、教師、護士、服務員、助理以及其他負責管理和教學行為的專業人員和輔助專業人員廣泛地使用。《代幣制：治療與復健的動機系統》（*The Token Economy: A Motivational System for Therapy and Rehabilitation*）在 1968 年出版，如今，如同在家庭、在臨床上、或在精神病院內一樣，成為在普通班和特教班處理問題行為的實證基礎。

　　簡單來說，代幣制是一種要求增強所有個體的適應行為的動機系統，即使用稍後可以進行交換各種後援增強物的代幣以增強一個具體的事件。在開始時，代幣本身作為一種交換媒介，各種不同的代幣都必須依照個體行為者的年齡和行為功能加以選擇及設定（如醫院、診所、學校、家庭）。這些代幣包括客製化硬幣、紀錄得分表、塑膠信用卡、郵票、禮

券、計算機卡（computer card）等。包括笑臉、星星、貼紙、檢查記號、分數、撲克籌碼等等類型的代幣被用於青少年或特殊群體。

本篇用精要的方式記述代幣制（token system）的使用法，以便家庭、教室、機構和社區的從事者能很快掌握住代幣系統的基本要點，並依照他們自己的環境需要安排合適的系統。

代幣系統是一種用明確方法帶來行為改善的工具，它的影響力為行為心理學留下了一個重要的貢獻。無組織即無效果是一個不爭的事實。應用代幣制時，有些層面有時被忽略了：它不但提供一個結構給被要求改變行為的人，而且也提供給應用代幣制的人在行為上造成深刻改變的一個結構，茲列舉其要點如下：

1. 使主事者能為其本人及求助者明確描述哪些重要行為需要改變。

2. 增加主事者為表現適當行為者或求助者提供積極影響的可能性。

3. 減少主事者在執行時訴諸於消極的、強制的手段的可能性。

4. 在過去一向失敗與紛亂的情況下，使主事者增加成功的可能性。

這並不是說代幣制在任何情況下對所有的行為都有效。但是，正如本篇所指出的：代幣制對於行為的改善是非常有效的。

簡而言之，本篇將提供給讀者一張清楚的路線圖，以實際而有效地處理行為。

為什麼要建立代幣制

作為一個照顧者，在周遭的人表現出適當行為，或試著達到某個期望目標時，都真心希望他們感受到正向的行為結果。然而，對於身為父母、老師或專家的我們，在試著要他人做到符合我們的要求，經常感到心餘力絀，對於有心改善行為意圖的人無法立即提供報酬。

父母希望子女幫忙做家事後，想要立即表示感激之情，但是又覺得必須等到月初給零用錢時才表示感激。學生忙了數週，好不容易地把一項困難的

作業做完，老師希望立即給予某種獎勵；然而，成績單要再過幾個月才發，老師真想能有其他方法來獎賞學生這些日子的用功表現。心理治療部的護士見到某位病人多次想與他人溝通，她希望想出法子立即鼓勵這種行為，但卻不知道怎麼做。她必須等到每週報告的時候，才能告訴醫生。

我們常常希望對於其他人的改善給予某些報酬。我們知道立即增強是多麼重要，但在日常生活中卻往往難以做到。我們需要的是將期待行為與報酬連結起來。「你的行為將得到報酬」是一種有效的做法。本篇將幫助你透過代幣制來達成目的。

本篇所提示的技巧主要是根據數年來在真實生活情境的研究結果所得。這個研究包括父母、教師及機構的訓練人員，他們成功地用代幣制促進孩子、學生及個案的技能。

本篇的訓練可以獨自使用，也可以在具有行為管理經驗的專家指導下使用。如果你精熟於技術的呈現，你就能夠更有效地提供周遭的人立即而實際的回饋，並增加他們實際生活的技巧。

何謂代幣制

在家中

文朗是十三歲的男孩。他被診斷為具有消極抵抗的行為障礙兒童，他拒絕上學，極端仇視學校，詛咒並強烈抵抗學校，他頑固地認為學校沒有價值，他寧可去工作賺錢好買一輛車，但是他缺乏技能和學歷。他整天看電視和幻想著工作與汽車。母親的斥責、學校人員的恐嚇，也沒有帶來改變。學校心理學家告訴文朗可由上學獲得津貼，他每天由級任導師領到一張聯絡報告，他的母親即給他津貼。第一次進教室而獲得津貼之後，出席率開始增加。他的母親也停止了責備，並高興地付錢。文朗為了汽車而賺錢，並學習了作為一個成人所需要的職業技能。

在學校

俊傑是郊區一所小學五年級的男孩。他的智力測驗和成就測驗顯示他非常優秀，他可以進入資優班就讀。但他在班上適應不良，教師們抱怨他做白日夢、無法完成每天的作業、成績很差、懶惰、缺乏動機。他花時間去畫太空人、組合太空船。因此教師們決定運用記點制度，當他確實完成作業的80%即給予一點，每天餐後交換點數，每一點即可換取十分鐘去做他的科學方案。俊傑設法獲得增長科學方案的時間，以便利用下課時間享受他的創作。教師們期待他逐步學習完成作業與追求好成績；他也樂於與同學分享他的科學方案。他的進步終於使他進入了資優班。

在機構

年已六十的蘭蘭住在中部的一家醫院，是慢性精神分裂症患者，她在醫院消磨了二十五年的歲月，也接受種種的治療，如電擊療法、藥物療法等，但都無效。缺乏關心自我和缺乏與他人互動的動機是精神分裂患者的特徵，蘭蘭的行為符合精神分裂患者的典型行為。她在雜亂的狀態中渡過大部分的時間，無所事事的坐在床沿。即使努力的引起她對自我的照顧、工作和娛樂活動的興趣也都失敗了。

工作人員為了讓她學習穿衣和交際而擬訂了代幣制度的計畫。在計畫實施之後，她漸漸學會了個人的清潔整理和開始做廚房的助手。在工作中她與廚師互動，用代幣去換取新衣服和自己房間的家具。她希望賺錢並學習在院外用得著的技能。

以上是說明在家庭、學校及機構裡使用代幣制增加適當行為的三個範例。你能夠從自己的經驗中，舉例說明代幣制的用法嗎？

代幣制的定義

代幣制是一種在期待行為發生之後與給予報酬之間的延宕時間裡，使用代幣以引起動機的系統。代幣是在適當反應之後，立即或稍後獲得可以交換

82

某種活動、特權或物品等作為報酬的代用品。代幣可能是塑膠片、星星、戳記、點數、笑臉、假幣、以及其他明確的物品。

代幣的功用有如在我們社會中使用的金錢。一個人因為達成期待的行為而接受代幣，因此他立即學會了重複某種行為以賺取代幣，並在稍後交換自己所選擇的報酬。

▲請在下面列舉可以作為代幣的物品：＿＿＿＿＿＿＿＿＿＿＿

＿＿＿＿＿＿＿＿＿＿＿＿＿＿＿＿＿＿＿＿＿＿＿＿＿＿＿＿＿＿

練習一：代幣制的定義

▲代幣制是什麼？＿＿＿＿＿＿＿＿＿＿＿＿＿＿＿＿＿＿＿＿

＿＿＿＿＿＿＿＿＿＿＿＿＿＿＿＿＿＿＿＿＿＿＿＿＿＿＿＿＿＿

假如你說：「代幣制是一種交換的系統，一個人在適當行為之後可以獲得兌換多樣報酬的交換系統。」那麼你就對了。

▲請列出在你的環境中可以作為代幣的物品：＿＿＿＿＿＿＿＿

＿＿＿＿＿＿＿＿＿＿＿＿＿＿＿＿＿＿＿＿＿＿＿＿＿＿＿＿＿＿

假如是在學校的話，可用點數、星星、記號或特殊的戳記；在家中可用贈券、遊戲的塑膠片或寶特瓶蓋；在機構的話，則可選用容易取得但不容易複製的塑膠製硬幣。

你已知道代幣制是如何改變他人的行為了，現在你可以準備學習如何增加一個人特殊行為的基本步驟。

▶步驟一：確定目標行為

焦點必須放在一個或一個以上所希望增加的適當行為上。問自己希望那個人做什麼？在現實世界中選擇有價值的行為並加以明確地界定，避免使用含混的片語，如「不合作的」、「挑釁的」、「無合理動機的」。精確地指出所希望增加的適當行為是重要的第一步。

不要說：「希望小牛不要再那麼懶惰」，而要指出希望小牛表現的肯定

行為。每當明定行為時，要明確指出是要求誰、是什麼行為、在什麼時候（Hall & Hall, 1998b）。

秦先生和秦太太帶著他們可愛的四歲女兒辛蒂去尋求家庭輔導，因為她在自己的房間內整晚不睡。每天晚上，在她最喜愛的歌聲、故事及一杯水的美妙儀式之後才去睡覺。但是，她的父母往往在半夜被吵醒，辛蒂會碰觸母親並悄悄地說：「我做了一個非常可怕的夢，媽媽，我好害怕一個人睡覺。」然後，將她的粉紅色及白色被子拿了進來，並用具說服力的語氣說她只要睡在地板上，她就會感到安全。這個現象已經持續了好幾個月，夫婦兩人睡眠均被剝奪，且無計可施。他們覺得即使他們盡所有的努力去保證他們非常地愛她，但是，辛蒂仍舊無法拋棄分離的焦慮。

秦先生和秦太太被要求訂立辛蒂的目標行為。他們說希望辛蒂在自己的房間能有安全感，並整晚待在房間裡。他們明確地指出是要求誰、要求什麼事、在何地，以及在何時。

辛蒂是被要求的人。
留在床上是被要求的事。
在她的房間是地點。
晚上七點是時間。

▲為什麼嚴格地和實際地確定目標行為是重要的呢？＿＿＿＿＿＿＿＿＿＿

＿＿＿＿＿＿＿＿＿＿＿＿＿＿＿＿＿＿＿＿＿＿＿＿＿＿＿＿＿＿＿＿

 練習二：確定目標行為以增加其頻率

下面是一些確定目標行為的例子，在實際的代幣制中可以換取代幣。

在家中

李太太很痛苦，因為她十五歲大的女兒從不將衣服放在抽屜或衣櫃，而在房內到處亂扔。所有的東西無固定的放置位置，直到那些東西被整理為止，她的房間仍顯得髒亂。李太太放棄提醒女兒並威脅著要除去特別優待，但是女

兒仍不負責照顧自己的東西，致使李太太必須做所有的事，這使她非常的厭煩與生氣。她知道必須做某些改變。

▲李太太能夠擬訂什麼目標行為？

誰？＿＿＿＿＿＿＿＿＿＿＿＿＿＿＿＿＿＿＿＿＿＿＿＿＿＿＿

什麼行為？＿＿＿＿＿＿＿＿＿＿＿＿＿＿＿＿＿＿＿＿＿＿＿＿

什麼地方？＿＿＿＿＿＿＿＿＿＿＿＿＿＿＿＿＿＿＿＿＿＿＿＿

什麼時候？＿＿＿＿＿＿＿＿＿＿＿＿＿＿＿＿＿＿＿＿＿＿＿＿

你認為將個人的東西放置在固定的地方是明確的行為嗎？　是□　不是□

你也許可以對李太太的女兒說：每日下午放學之後要將衣服放在適當的地方。記住將焦點放在你可以看到改變的明確的實際行為上。李太太必須去看女兒的房間和觀察新行為的結果。

在學校

羅老師快樂地教導他的四年級學生。他有優秀的學生，他們的成績非常卓越，但他覺得他的學生應該更準時的進入教室。因為學生們的遲到，每天損失了十至十五分鐘的教學時間。他總是為等候上課而感到厭煩。

▲羅老師能指出什麼目標行為？

誰？＿＿＿＿＿＿＿＿＿＿＿＿＿＿＿＿＿＿＿＿＿＿＿＿＿＿＿

什麼行為？＿＿＿＿＿＿＿＿＿＿＿＿＿＿＿＿＿＿＿＿＿＿＿＿

什麼地方？＿＿＿＿＿＿＿＿＿＿＿＿＿＿＿＿＿＿＿＿＿＿＿＿

什麼時候？＿＿＿＿＿＿＿＿＿＿＿＿＿＿＿＿＿＿＿＿＿＿＿＿

你認為準時到達教室是明確的行為嗎？是□　不是□

在機構

小強拒絕在他的病房與其他病人說話，或向醫院的工作人員說出自己的需要，他將所有的日子耗在活動室看電視，當別人接近他的時候，他也不理會他們的存在。他不參加個人或團體的治療課。當他在七年前進入醫院的時候他與別人談話，但是日子一久漸漸沉默。工作人員十分擔心，並且認為除非他再學習社交否則他不可能回復正常。

▲身為醫院的工作人員，你希望小強增加哪一種目標行為呢？

誰？＿＿＿＿＿＿＿＿＿＿＿＿＿＿＿＿＿＿＿＿＿＿＿＿＿＿

什麼行為？＿＿＿＿＿＿＿＿＿＿＿＿＿＿＿＿＿＿＿＿＿＿

什麼地方？＿＿＿＿＿＿＿＿＿＿＿＿＿＿＿＿＿＿＿＿＿＿

什麼時候？＿＿＿＿＿＿＿＿＿＿＿＿＿＿＿＿＿＿＿＿＿＿

你列出的目標行為是使小強開始跟他人說話嗎？是□　不是□

目標行為的例子

在家中

在遊戲之前完成作業	將髒衣服放進洗衣籃
飼養動物	洗碗盤
把垃圾丟到垃圾桶	餐後清理桌子
玩畢時把玩具放在玩具箱	自己刷牙和洗澡
整理桌子	直到大家用完餐才離開餐桌
每晚讀書一個小時	叫一次即起床和穿衣
按指定時間上床睡覺	每天早上整理床鋪
跟隨指導而不辯論	每週割一次草
得到允許才使用汽車	

在學校

完成日常分配的工作	舉手之後才發言
準時進入教室	保持書桌四周的清潔
上課帶課本	遵守教室規則

在機構

自己穿衣	獨自前往餐廳

整理床鋪	自己用餐
自己洗澡	寫信
與其他患者談話	參加訓練課
參加團體治療	完成指定工作

▲現在試試在一個對你很重要的情境中，確定所希望改變的行為。

誰？＿＿＿＿＿＿＿＿＿＿＿＿＿＿＿＿＿＿＿＿＿＿＿＿＿＿＿＿＿＿

＿＿＿＿＿＿＿＿＿＿＿＿＿＿＿＿＿＿＿＿＿＿＿＿＿＿＿＿＿＿＿＿

什麼行為？＿＿＿＿＿＿＿＿＿＿＿＿＿＿＿＿＿＿＿＿＿＿＿＿＿＿

＿＿＿＿＿＿＿＿＿＿＿＿＿＿＿＿＿＿＿＿＿＿＿＿＿＿＿＿＿＿＿＿

什麼地方？＿＿＿＿＿＿＿＿＿＿＿＿＿＿＿＿＿＿＿＿＿＿＿＿＿＿

＿＿＿＿＿＿＿＿＿＿＿＿＿＿＿＿＿＿＿＿＿＿＿＿＿＿＿＿＿＿＿＿

什麼時候？＿＿＿＿＿＿＿＿＿＿＿＿＿＿＿＿＿＿＿＿＿＿＿＿＿＿

＿＿＿＿＿＿＿＿＿＿＿＿＿＿＿＿＿＿＿＿＿＿＿＿＿＿＿＿＿＿＿＿

　　與某人一起合作以便確認你的工作。如果有困難，也許是所選擇的狀況太複雜之故。從簡單的行為開始。你能確定你所要增加的適當行為是什麼嗎？如果能，請在這裡的□內打勾。如果不能則再溫習前面的部分。

▶步驟二：代幣的定義

　　決定你想要加強的行為之後，就要選擇適當的代幣。代幣像金錢，可以用來交換作為報酬的物品或活動。下面是選擇適當代幣的基本原則。

原則一：代幣必須是容易使用的

　　代幣必須是馬上可以被利用的實物或象徵性的東西。撲克牌、塑膠棋子、紀錄表上記點或做記號、印戳、遊戲用假錢都可做代幣。必要的條件是要讓個案可以看到而且可以計算其價值。

原則二：代幣必須是容易實施的

任何時間都可以方便地給予代幣是非常重要的。代幣制的主要原則之一是對適當的行為做立即的增強！執行增強時沒有時間找尋代幣，它們必須隨手可得，因為代幣是期待行為發生之後與增強之間的橋樑。教師在口袋裡放一枝奇異筆在紀錄本上做記號。母親可以在她的圍裙裡放置遊戲塑膠片。病房護士可以隨時隨地使用仿製銅幣給患者。代幣不必是笨重或昂貴的東西。它們可以像奇特形狀的色紙一樣的簡單。

原則三：代幣必須是被訓練者所不容易複製的

代幣像金錢一樣，如果容易仿造就失去其價值。在特殊情境中使用獨特的代幣是必要的。如果你選擇用記號或星星，那要選擇學生、兒童、患者所不易使用的顏色，並且每天更換顏色。你也許可以使用簽名的方法，筆跡不容易被模仿。

原則四：代幣必須不能轉做他用

代幣只能在你的交換系統中使用。

原則五：記錄得到的和用掉的代幣

這樣可以提供你何時必須增加或減少增強量以達到最大效果的訊息。

▲你可以使用什麼方法去連結期待行為與增強間的縫隙呢？＿＿＿＿＿＿＿

＿＿＿＿＿＿＿＿＿＿＿＿＿＿＿＿＿＿＿＿＿＿＿＿＿＿＿＿＿＿＿＿＿

▲學生告訴老師：如果他完成指定工作後可以獲得代幣，他將會更想做家庭作業。你將建議教師如何做？＿＿＿＿＿＿＿＿＿＿＿＿＿＿＿＿＿＿＿

＿＿＿＿＿＿＿＿＿＿＿＿＿＿＿＿＿＿＿＿＿＿＿＿＿＿＿＿＿＿＿＿＿

▲精神病房的工作人員有如下的問題：患者寧願偷取其他人的代幣而不願自己賺取。你怎麼辦？＿＿＿＿＿＿＿＿＿＿＿＿＿＿＿＿＿＿＿＿＿＿＿＿

＿＿＿＿＿＿＿＿＿＿＿＿＿＿＿＿＿＿＿＿＿＿＿＿＿＿＿＿＿＿＿＿＿

如果無法正確的回答，請再複習前面內容。

現在你已學會選擇代幣的基本原則，在下面的練習中試著去應用五個原則。

練習三：代幣的選擇

▲請列出你在特別情境中可以當做代幣的物品或象徵物。請記得五個基本原則：＿＿＿＿＿＿＿＿＿＿＿＿＿＿＿＿＿＿＿＿＿＿＿

＿＿＿＿＿＿＿＿＿＿＿＿＿＿＿＿＿＿＿＿＿＿＿＿＿＿＿

▲我選擇這些代幣是因為：＿＿＿＿＿＿＿＿＿＿＿＿＿＿＿＿

＿＿＿＿＿＿＿＿＿＿＿＿＿＿＿＿＿＿＿＿＿＿＿＿＿＿＿

▲如果記住了五個基本原則，你所選的代幣將可能奏效。在下面的問題裡確認你自己的答案。

1. 我的代幣容易取得嗎？　是□　否□

2. 我的代幣容易實施嗎？　是□　否□

3. 我的代幣不易被複製嗎？　是□　否□

4. 我的代幣不易被轉讓嗎？　是□　否□

5. 我的代幣容易被記錄嗎？　是□　否□

▶步驟三：找出物品、特權和其他動機，以獎賞適當行為

　　確定了要改變的特殊行為，以及決定了要付的代幣之後，下一個步驟是特別重要的。學生、兒童、個案領取了他們的代幣之後，必須拿來交換作為報酬的物品或特權。如何決定這些活動或物品呢？

　　要決定什麼能引發一個人的動機，有個有效的方法是，看看這個人在不特別要求他的情況下，整天最願意做的是什麼。這些活動很可能被他選來當做報酬方式。歷史教師發現他的學生們利用所有的時間去閒聊有關球賽、電影、以及下次的舞會；他要求學生上課安靜地聽課，然後在上完一堂課之後

給予十分鐘的自由時間作為報酬。在家中，父親注意到他的雙胞胎兒子花費整個下午與鄰居孩子看電視特別節目或玩球。在病房裡，日班護士注意到錢太太用了數小時看電影雜誌。簡單地觀察個人活動將可明瞭如何為他們設計有效益的報酬計畫。

▲在你從事的生活或活動中，你是否注意到你想要給予報酬的人們的活動呢？如果是，那些是什麼呢？_____

_____

其他的方法如要求個案說出個人想要獲得的報酬。你也許要確立一個提供給孩子們或住院病患表達他們需要的常態時間。提供這些時機的方法有很多。其中之一是每週選擇固定的時間約談個案，讓他們用言語表達他的嗜好。而一個有效又不耗時間的方法是使用如下的報酬問卷。

報酬問卷

姓名：_____ 日期：_____

如果我選擇任何一個活動或特權的話，我喜歡下列事情：_____

_____

如果我可以選擇一個我自己想要的物品的話，我希望擁有（譬如：書、雜誌、食物、玩具、競賽用具）：_____

_____

你必須記得：某一件事情對你來說也許是報酬，但並不一定對其他人有效。報酬與增強物是絕對不同的。報酬也許是你主觀的認為個案所希望的事物，而增強物則是一項可以增加期待行為的事情或物品。報酬帶來目標行為的增加，因此變成了增強物。選擇報酬方式的最佳指引是看和聽。下面是幫助你決定有效報酬的一些練習。

 練習四：報酬方式的選擇

在家中

曹太太對於她六歲的兒子小強已訂有精確的目標行為。她希望他能夠好好吃完一餐飯。她考慮到他是一個偏食的人，他吃了一些他喜歡的食物之後即要求餐後的甜點。因此她安排孩子們吃完主菜之後可以獲得水果的甜點、乳酪或牛奶布丁。小強趕快吃完他的飯食，並且開始要求甜點。

▲曹太太從進餐中觀察小強的行為。她希望找出一種方式，來獎賞小強吃完主菜這個目標行為。你將選擇什麼作為給小強的報酬呢？＿＿＿＿＿＿

＿＿＿＿＿＿＿＿＿＿＿＿＿＿＿＿＿＿＿＿＿＿＿＿＿＿＿＿＿＿＿＿＿＿

如果你選的是甜點的話，那麼你是對的。

在學校

小莉是一個非常怕羞的一年級女孩。在教室只有叫她時才說話。在自助餐館，她通常是獨坐一張桌子，即使同一張桌子有其他人，對於他們的談話她也視若無睹。吳老師希望小莉在午餐時能夠做出社會化的行為。她希望看到小莉與別人說話。有一天下午她問小莉喜歡和誰同桌午餐？小莉回答是美麗，美麗是班上最有人緣的女孩、是她的好朋友，但是小莉從來不曾坐在她的身邊，因為其他的孩子都搶著與美麗同桌。

▲如果你是小莉的老師，那麼你將用什麼特權去促進小莉的社會互動呢？＿＿

＿＿＿＿＿＿＿＿＿＿＿＿＿＿＿＿＿＿＿＿＿＿＿＿＿＿＿＿＿＿＿＿＿＿

＿＿＿＿＿＿＿＿＿＿＿＿＿＿＿＿＿＿＿＿＿＿＿＿＿＿＿＿＿＿＿＿＿＿

讓小莉有機會告訴你喜歡跟誰坐在一起。她最初可以選擇美麗，而後一旦開始與其他的孩子互動的話，她也許會感覺愉快而有所改變。在許多的情況，吳老師為了發現有效的增強物而去問小莉的事是具有意義的。

在機構

當病房管理員問阿蘭（智障成人）她喜歡什麼東西，阿蘭回答什麼也不缺，她所需要的都已有了。病房的管理員耐心的注意阿蘭的一整天生活。他發現阿蘭遇到機會即偷取其他患者的香菸。

▲病房管理員可以選擇什麼作為阿蘭的報酬呢？＿＿＿＿＿＿＿＿＿

＿＿＿＿＿＿＿＿＿＿＿＿＿＿＿＿＿＿＿＿＿＿＿＿＿＿＿＿＿＿

＿＿＿＿＿＿＿＿＿＿＿＿＿＿＿＿＿＿＿＿＿＿＿＿＿＿＿＿＿＿

即使阿蘭無法傳達自己的需要，但是病房管理員利用觀察知道了香菸對於阿蘭的重要。

練習五：尋找可運用的報酬方式

● 在你安排下觀察個案一天。注意他在自由時間所做的事、觀察他所選擇的活動和物品。

● 直接問個案想要得到的特權或物品。

● 從觀察和晤談中找出一個以上適合於個案的報酬方式。

▲從我的觀察，下列活動及物品應該是適當的報酬：＿＿＿＿＿＿＿

＿＿＿＿＿＿＿＿＿＿＿＿＿＿＿＿＿＿＿＿＿＿＿＿＿＿＿＿＿＿

▲從晤談顯示，下列活動及物品應該是適當的報酬：＿＿＿＿＿＿＿

＿＿＿＿＿＿＿＿＿＿＿＿＿＿＿＿＿＿＿＿＿＿＿＿＿＿＿＿＿＿

　　你是否有這樣的表現呢？報酬的可靠性是要有寬廣的選擇範圍、和允許個案自己選擇。接下來你將學習如何去運用，以下為一些報酬的例子。

報酬的例子

在家中

片刻的電視與電腦時間　　在最喜愛的速食店用餐

晚睡　　與朋友用餐

參加運動競賽　　看電影

單獨與雙親在一起的時間　　租影片

穿衣服的選擇　　新玩具

自由時間　　溜冰

買衣服的選擇　　使用車子的特權

要求最喜愛的食物　　聽音樂

晚上到朋友家做客　　去大賣場

甜點　　使用自行車的特權

在朋友家過夜

在學校

在黑板上塗鴉寫字　　與朋友一起用餐

參加特別的遊戲　　免除考試

用手指畫　　額外的自由時間

當小老師　　看電視

使用電腦　　和老師坐在一起吃午餐

看影片　　參加爆米花派對

清潔板擦　　蓋笑臉

收集和批改考卷　　協助圖書館員、秘書、或管理人

澆花　　領導遊戲

教導年幼的小孩　　使用耳機聽音樂

操作幻燈機　　去圖書館

在機構

選擇特別的食物	特別的椅子
與心理專家或其他職員在一起的特	電視時間
別時間	吃飯時選擇同伴
獨處的機會	玩撲克牌
打電話	特別的衣服
香菸、糖果、無酒精飲料、雜誌等	選擇工作
生活用具、食物	可以鎖的櫃子
特別場所的特權	去理髮廳或美容院

 練習六：找出可運用於代幣制的報酬

列出在代幣制中可以使用的所有活動、物品及特權。基於安排中所有的個案、狀況、以及由觀察知道他們所做的及由詢問所得到的他們的要求上的考慮，盡你所能羅列出來。

▲他們所做的事：＿＿＿＿＿＿＿＿＿＿＿＿＿＿＿＿＿＿

＿＿＿＿＿＿＿＿＿＿＿＿＿＿＿＿＿＿＿＿＿＿＿＿＿

▲他們的要求：＿＿＿＿＿＿＿＿＿＿＿＿＿＿＿＿＿＿＿

▲你確定的其他物品和特權：＿＿＿＿＿＿＿＿＿＿＿＿＿

＿＿＿＿＿＿＿＿＿＿＿＿＿＿＿＿＿＿＿＿＿＿＿＿＿

　　目前你已知道如何訂定目標行為、選擇增強物和活動，以及藉著立即給予的代幣形式提供兩者之間的橋樑。現在，請學習如何將這些組合成一個代幣制，這是很重要的。依照下列問題反省你自己組合的系統。

1. 是否界定了個案的目標行為？　是□　否□

2. 描述的特殊行為是否可以觀察到它的變化？　是□　否□

3. 是否集中注意力在我所想要增加的適當行為上，而避免消極的行為？

　　是□　否□

4. 所決定的活動或特權，是否可以增強（報酬）個案？

　　是□　否□

5. 當個案達成期待的行為時，所指定的代幣（通貨）是否容易立即使用？

　　是□　否□

6. 它們是否容易管理？　是□　否□

7. 它們是否不易複製？　是□　否□

8. 它們是否無法轉做他用？　是□　否□

9. 它們是否容易記錄？　是□　否□

　　如果所有的問題你都答「是」的話，那麼你就通過這個步驟。如果有些問題答「否」的話，請再讀前面內容，或從你的指導者或夥伴獲得幫助。

▶ 步驟四：擬訂交換系統

　　你必須依照下列事項研擬一個代幣交換的系統。

1. 指出何種行為可以獲得一個代幣或數個代幣。

2. 代幣必須在期望的反應之後立即給予。

3. 給所有的特權和物品訂定一個價值。個案必須知道賺取多少代幣才能獲得報酬。

4. 指定時間和地點交換，並監督其交換。

▲ 當你研擬交換系統時，你必須做哪四件事？

1. _____

2. _____

3. _____

4. _____

　　你或許很難訂定活動和物品的價值，這項能力是由訓練和嘗試錯誤所得。有一個方法可以決定何種程度的行為給予何種不同價值的報酬。你可以設計一張用獲得的代幣能購買的物品和特權的表單。特殊報酬的選擇範圍須寬廣且多變化。如果你知道小英喜歡糖果，則要有各種不同種類的糖果。定時地嘗試改變增強物表單。當個案獲得太多同樣的東西時，那些東西將會變得厭膩而失去價值。你也許喜歡義大利麵，但是如果每天只吃義大利麵，你就會失去興趣。因此關鍵在於要有很多種類的增強物。以下的範例將幫助你訂定你的報酬的價值和創造你自己的增強物表單。

在家中

　　路先生為他九歲的兒子小雄制定了一個代幣制。小雄疏忽了他擔負的家事。他和小雄決定每完成一件工作之後，將獲得可以交換特許的點數。路先生在冰箱門上貼著一張所有期待行為的說明、它們的價值和每日可以購買的內容。小雄完成了他的工作即劃上記號，並且告訴他父親想要交換的點數。路先生每天傍晚回家之後，確認工作表和自己完成的工作。

　　小雄可以每天用點數交換報酬，或積下它們交換更大的報酬。小雄每晚使用三點交換喜歡看的電視節目，也將點數累積作為以後的享受，如整晚在家裏招待朋友等。小雄與其父一起決定提高特許，那將是實際且意義深遠。小雄開始賺取點數之後他決定累積他的點數一段時間，以便交換與父親一起去露營的更大報酬。他們決定以一百六十點交換一次的旅行。這點使得小雄大約花了四星期才完成了他的全部工作，即使旅行露營在數週之後。小雄滿足於除去特權的威脅。小雄有機會愉快的去賺取有趣的事物。他不再煩惱自己的家事責任，他知道他該做什麼。

小雄的工作表

我的日常工作	點數
1. 整理我的床鋪。	1
2. 把玩具放在架上。	2
3. 清除垃圾。	1
4. 晚餐後清理桌子。	2
5. 飼養動物。	2

我賺的點數可以交換下列的特許

選擇所有最喜歡的電視節目。	3
我可以遲一個小時上床，在臥室看書。	3
騎自行車去商店。	3
選擇我最喜歡的食物。	2
整個晚上與朋友在一起。	25
去最喜歡的速食餐廳。	40
買新的棒球手套。	120
整個晚上在客房。	11

爸爸和我同意我的工作表和報酬：

　　簽名 _____　　_____

在學校

　　雷老師擔任特殊班老師，她的學生們雖已是三年級，但是行為卻有如一年級的學生，沒有一個可以完成所指定的工作。她花費了大部分的時間制止吵鬧，提醒學生安靜、要求他們完成自己的工作。學校的諮商員建議雷老師建立代幣制以促進完成指定的工作。她說學生如果獲得報酬，他們將會儘量減少吵鬧與說話而做他們自己的工作。雷老師依照那個想法，她和諮商員訂定了一張點數系統表如下頁，並把它貼在每一個人可以看到的牆壁上。

　　每天下午兩點，雷老師大約花費十五分鐘確認學生的小冊子，學生至少必須得到兩點才能獲得參與活動的權利，比兩點少的則留在他們的位置。學生們分得一張記點的記錄票，可以把選擇的活動填在號碼之下，並且交給班長確認他們所想與得到的活動。增強時間是在每天當學生完成了工作，並且集合了他們的所有東西準備去按交通車呼叫器的前三十分鐘。如果其已學得的活動幾乎都能獲得報酬，雷老師即每週更換報酬的活動內容，有時調整活動的點數，使學生整天辛苦的去完成工作以賺取他們的活動。結果教室的環境改變了，雷老師已能將大部分的時間放在教學而較少教訓了。她幾乎不敢相信她的教室狀況已經改變了。

　　學生們幫助她管理代幣制，競爭點數。他們也監督其他每個人的行為。週五的下午，學生幫助她計劃下週的報酬活動表。雷老師的代幣制不必花費太多精神。她注意觀察學生所喜歡的活動，要求學生表達活動的優先順序，並賺取時間參加活動。

記點制度

下午兩點鐘確認學生的工作小冊子，並分發已完成的指定工作點數。每天通常有八項工作，學生在下午兩點半用賺取的點數交換特權。

作業	點數
完成指定的工作。	1
完成指定的工作達到80%以上的正確。	2

下午兩點半，點數可以換取下列活動：

報酬表

清理板擦	2
擦黑板	2
澆花	2
使用水彩	2
倒垃圾	3
清掃地板	3
玩黏土	4
老師的助手	4
上圖書館	4
用耳機聽音樂	4
玩玩偶	4
看電視	5
看特別的錄影帶	5
幫忙傳達話	5
做科學實驗	5
在室內飼養動物	6
擦拭老師的桌子	6
降旗	7
唸故事給小朋友聽	7
玩電動遊戲	8
在休閒中心選擇任何玩具	8
幫助秘書	8
幫助管理人	8
用擴音機宣布一天的報告	8
幫助老師監督活動	8
良好的家庭連絡及自由時間	8

在機構

羅太太為英瑛訂定了一個代幣制。英瑛是住院二十年的精神分裂病患者。

護士及工作人員也希望英瑛能夠負責她自己的外表和學習工作技能。因此，工作人員決定了一張目標增強物的表單。

英瑛的行為目標

生活自理

梳髮，穿著外衣、套裙、內褲、胸罩、長襪和鞋子（在用餐時檢查）。	每次 1 個代幣
依照指定時間洗澡。	1 個代幣
每天一次依照指定時間刷牙或漱口。	1 個代幣
每天參與兩次由運動助教領導的運動。	1 個代幣
鋪床並整理自己床鋪的上下及其周圍。	1 個代幣

工作技能

美容助理：幫助為需要特別服務的患者洗髮、捲髮、梳髮。	4 個代幣
體操：在指定的時間和地點操作錄音機和領導一群患者做團體操。	10 個代幣
整衣助理：裝置好燙衣板和熨斗，熨燙其他患者的衣服。整齊的折疊衣服，並將燙好的衣服、熨斗、燙衣板放回保管位置。	6 個代幣

增強物清單

選擇一號房（最不滿意）	沒有代幣
選擇二號房	4 個代幣
選擇三號房	8 個代幣
選擇四號房	15 個代幣
選擇五號房（最滿意的）	30 個代幣
個人房	1 個代幣
選擇椅子	1 個代幣
選擇床單	1 個代幣
在醫院的廣場散步十五分鐘	2 個代幣
可享受如糖果、香菸、果汁、冰茶、咖啡等物品	1 至 5 個代幣

工作人員每週與英瑛見面檢視她的進步情形，給她一個符合她的技能目錄和動機水準的新工作選擇。

練習七：準備增強物的清單

- 考慮能夠用代幣交換的物品與活動。
- 列出所有可能的物品與活動。
- 分配各個增強物的價值。
- 決定交換代幣的時間與地點。
- 決定監督交換的人選。

▲代幣可以交換哪些物品或活動？　　　　　　　　　　　　　　價值

_____　　_____

_____　　_____

▲代幣可以在什麼時間交換？_____

_____

▲交換的地點是：_____

_____

▲監督交換的人選是：_____

_____

注意要點

必要的話降低要求的水準

調整你的需要，讓每一個人都能賺取代幣。你可以從期待行為的一部分開始，然後漸漸增加賺取代幣的必要行為的量。

在家中

林太太希望曼華拾起散佈在室內外的玩具。林太太知道一開始她不能做

太多的要求或希望曼華馬上改變，而以曼華拾起所有的玩具為起點，她集中了外面的玩具即給予點數。曼華做到這個目標行為開始賺取點數之後，林太太增加了曼華將玩具收拾到她房間的行為要求。

在學校

吳教練希望大華在上體育課時能夠遵守規則。他知道除非大華注意到，否則很容易破壞和不能夠持久。他決定集中焦點在一個讓大華能夠達成的規則上。每次大華遵從言語的要求之後即給予大華一個點數，如果大華賺取了指定好的點數他就可以幫助教練在遠處放置設備工作。當大華達成目標之後，教練追加了規則。

在機構

病房護士擔心明道不與任何管理員交談。病房護士的目標是要明道用語言表達自己的需要。但是要實現這個長遠的目標並不是立即可以達到的，因此決定從視線的接觸開始實施代幣。每次明道注視對他說話的人時，他會得到一個代幣或語言的讚美。在最初幾次，護士輕輕移動明道的頭，這樣明道就會注視他。當明道開始注視對他說話的人而賺取代幣之後，他被要求點頭，以及直到被期待能用「是」或「不是」回答問題為止。

期待行為出現之後立即給予代幣

在家中

陳太太希望她的兩歲女兒小妮自己上廁所。陳太太每次看到小妮做到了，就馬上給她一個塑膠片，稍後可以用來交換看她最喜歡的影片或其他有趣的活動。

在學校

巫老師希望蓮花清理自己桌子的周圍。蓮花可以做得很好，但是不能保持將學用品放置在固定的地方。巫老師每看到蓮花將書、紙、和其他用品拾

起，他就立即在她的紀錄表上做個記號。她每天放學時都可以交換特別的遊戲。

在機構

雷龍喜歡和其他的患者爭論。護士希望雷龍能夠友善地用正向的方式和他人談話。護士每看到雷龍與其他的患者談話而沒有爭論，就給他一個可以交換報紙的代幣。

只用代幣來增強

作為增強物的活動和物品必須透過代幣才會有效，它們絕對不能自由享受。

在家中

徐太太無法了解秀美為什麼停止賺取點數以交換下午的特別點心的權利。徐太太與住在附近秀美朋友的母親談話之後才知道，原來秀美放學回家途中在朋友家可以自由地享用點心。

在學校

一位中學英文老師嘗試建立代幣制。學生們完成了工作即可獲得點數交換糖果。然而問題發生了！只有少數學生會賺取必要的點數。英文老師在地上和垃圾桶裡發現糖果的包裝紙，才恍然大悟原來學生們帶著糖果到學校，因此沒有必要賺取糖果。

在機構

翰林是一個青春期的青少年，他在一所實施代幣制的精神病院中與工作人員無法合作，他缺乏賺取代幣的動機。因為父母給他錢，他可以享受到用代幣換得的相同東西。工作人員解決這個問題的方法是在銀行為翰林開一個帳戶，並限制從銀行領回的存款。每週，他可以用特定數額的代幣交換從銀行帳戶中領出三百元。這個方法使得翰林為了獲得他的銀行存款而一直需要

賺取代幣。

問題發生時的解決之道

在建立代幣制時也許會發生一些問題。但是,如果你知道如何操作它們,那麼它們將容易克服。

1. 在完成期待行為之時或其後立即提供代幣嗎？　是□　否□

特別注意:代幣要能夠提供立即的增強物。為了獲得行為的增加,在達到期待水準以前,增強物是經常需要的。

2. 如何維持你的代幣制？

有兩點需要被考慮到。第一,經常調整增強物清單是重要的工作。物品與特權要有變化以防止飽和與厭倦。第二,換取物品的代幣數量需要隨著時間改變。例如,個案可能只賺取了一個點數即停止,這個情況的產生也許是由於增強物的價值太低所致(增強物過分容易獲得)。透過增加一般物品的費用,使其需要更多的代幣去購買。在個案賺取足夠購買期望物品的代幣之前,可以發現個案行為的改善。為了維持這個改善,需要在清單降低目標行為的代幣價值或增加物品的費用。

3. 如果個案表示他不願參與代幣制的話,你怎麼處理呢？

在設定代幣制時,賺取代幣的人是不負任何責任的。參與者可以幫助選擇用代幣交換增強物。根據研究顯示,拒絕參與者一旦開始賺取報酬或看到他人所做所得時即會參與。最好的策略是開始執行並漠視口頭反對者的行為,當他們知道賺取代幣是獲得高價的期待特權和活動之唯一方法時,他們的行為將會改變。

4. 如果代幣系統在管理上太花費時間和精力的話,將如何呢？

大部分的事例中,較簡單的代幣制成功的機會似乎較多。可能的話,計

劃一個讓個案參與者能夠幫助管理的系統。許多代幣制可以完全由學生來執行。Ayllon 和 Azrin（1968b）讓患者操作特權，他們分配代幣、安排增強活動和監督代幣與增強物的交換。

5. 如何提高對報酬缺乏興趣或重度障礙者的興趣與參與呢？

當個案對於有效的增強物接觸有限時，需要代幣增強物樣本以促進代幣制的進行。Ayllon和Azrin（1968a）讓患者不必付出代幣就可觀看免費電影，這在增強物的清單中，變成最受歡迎的增強物。對於重度的障礙者可能需要身體性的鼓勵、給予代幣和立即的交換。一旦這個環節建立的話，賺取代幣或交換增強物之間的時間就可以漸漸增加。

6. 如何消除代幣系統？

一旦期待行為變成日常生活的一部分，以及由於良好的執行而使得目標行為日益固著，這時代幣系統就應加以修改或消弱。例如，有位母親對她三個年幼孩子建立了代幣系統，雖然以後行為和增強物有了戲劇性的改變，以及系統幾乎由孩子們自己管理，但仍持續使用了四年之久。

消弱代幣制的方法是漸漸拉長交換的時機。例如，Phillips（1968）在為少年犯設計的家庭指導計畫裡，從每天變成每週賺取特權以消弱代幣系統，如果適當行為保持在一定的水準時，便可換成使用非代幣的榮譽系統。

如果行為被保持在設定的自然情境之中，代幣給付的同時將社會性增強伴隨著呈現是很重要的。在交付代幣之同時應伴隨著讚美，例如，「因為你做得很好，所以得到這個代幣。」或微笑著輕拍他的肩、背，或是其他的社會性增強物。

物品和特權在各種不同的安排中都可能加以選擇，而從代幣系統來選擇更換的話則較為容易。最初的增強清單可以使用有固定價值的精美小飾物或實質的物品。如果更多的活動和特權被列在清單上的話，在一些設定的情境中報酬會自然的被聯想出來。如果你想更進一步了解增強物的應用，請參閱本冊第二篇「如何適當地給孩子甜頭？──增強物的應用」。

✏️ 複習

▲請依照下列步驟擬訂自己的代幣制：

1. 明確指出目標行為：_____
_____

2. 指定後援增強物（活動、物品、食物）。_____
_____

3. 敘述交換的媒介。你要使用什麼代幣？_____
_____

4. 建立增強物的價值。每個增強物需要做到什麼行為？_____
_____

5. 誰執行代幣制？_____
_____

6. 為了增強活動的執行，代幣在何時、何地交換？_____
_____

7. 誰監督交換？_____
_____

參考文獻與延伸閱讀

Alber, S. R., & Heward, H. L. (1996). "Gotcha!" Twenty-five behavior traps guaranteed to extend your students' academic and social skills. *Intervention in School and Clinic, 31*(5), 285–289.

Alberto, P. A., & Troutman, A. C. (1990). *Applied behavior analysis for teachers: Influencing student performance* (3rd ed.). Columbus, OH: Charles E. Merril.

Ayllon, T., & Azrin, N. (1965). The measurement and reinforcement of behavior of psychotics. *Journal of Experimental Analysis of Behavior, 8,* 357–383.

Ayllon, T., & Azrin, N. (1968a). Reinforcer sampling: A technique for increasing the behavior of mental patients. *Journal of Applied Behavior Analysis, 1,* 13–20.

Ayllon, T., & Azrin, N. (1968b). *The token economy: A motivational system for therapy and rehabilitation.* New York: Appleton-Century-Crofts.

Ayllon, T., Garber, S., & Allison, M. (1977). Behavioral treatment of childhood neurosis. *Psychiatry, 40,* 315–322.

Ayllon, T., Garber, S., & Pisor, K. (1975). The elimination of discipline problems through a combined school–home motivational system. *Behavior Therapy, 6,* 616–626.

Ayllon, T., Layman, D., & Burke, S. (1972). Disruptive behavior and reinforcement of academic performance. *The Psychological Record, 22,* 315–323.

Ayllon, T., Layman, D., & Kandel, H. (1975). A behavioral educational alternative to drug control of hyperactive children. *The Journal of Applied Behavior Analysis, 8,* 137–146.

Ayllon, T. & Roberts, M. D. (1974). Eliminating discipline problems by strengthening academic performance. *The Journal of Applied Behavior Analysis, 7,* 71–76.

Ayllon, T. & Rosenbaum, M. (1977). The behavioral treatment of disruption and hyperactivity in school settings. In B. Lahey and A. Kazdin (Eds.), *Advances in Child Clinical Psychology* (pp. 83–118). New York: Plenum.

Ayllon, T., Smith, D., & Rogers, W. (1970). Behavior management of school phobia. *Journal of Behavior Therapy and Experimental Psychiatry, 1,* 125–138.

Hall, R. V., & Hall, M. L. (1998a). *How to select reinforcers* (2nd ed.). Austin, TX: PRO-ED.

Hall, R. V., & Hall, M. L. (1998b). *How to use systematic attention and approval.* (2nd ed.). Austin, TX: PRO-ED.

Glynn, S. M. (1990). Token economy approaches for psychiatric patients: Progress and pitfalls over 25 years. *Behavior Modification, 14,* 383–407.

Jackson, N. C., & Mathews, R. M. (1995). Using public posting to increase contributions to a multipurpose senior center. *Journal of Applied Behavior Analysis, 28,* 449–455.

Miller, D. L., & Kelly, M. L. (1994). The use of goal setting and contingency contracting for improving children's homework performance. *Journal of Applied Behavior Analysis, 27,* 73–84.

Paul, G., Stuve, P., & Menditto, A. (1997). Social-learning program (with token economy) for adult psychiatric patients. *The Clinical Psychologist, 50*(1), 14–17.

Phillips, E. L. (1968). Achievement place: Token reinforcement procedures in a home-style reha-
bilitation setting for predelinquent boys. *Journal of Applied Behavior Analysis, 1,* 213–223.

Staub, R. W. (1990). The effects of publicly posted feedback on middle school students' disrup-
tive hallway behavior. *Education and Treatment of Children, 13,* 249–257.

Sullivan, M. A., & O'Leary, S. G. (1990). Maintenance following reward and cost token programs.
Behavior Therapy, 21, 131–149.

Wolf, M. M., Giles, D. K., & Hall, R. V. (1968). Experiments with token reinforcement in a reme-
dial classroom. *Behavior Research and Therapy, 6,* 51–64.

4

如何增進孩子的人際關係？

——教導社會技巧

■ M. V. Panyan◎著
■ 周天賜◎譯

引言

　　良好的人際關係是成功的學校生活的特徵，是定義成功的家庭或社區生活的要素。傳統上，學校注重學業技能而不用心教導社會技能；但是，對今日青年、他們的家庭及社區太重要了，不能放棄社會技能訓練的機會。經證明有效的社會技能課程和策略繁多，只需稍加調整即可採用。

　　本篇的主要目的在介紹成功的社會技能訓練方法和方案，使讀者能改善他們的教學、諮商、良師和親職等技能。這樣的改善有助於當前的個體有較適當的社會技能，並且傳遞正面的社會技能給下一代。

　　將本篇獻給我的密友——我的父母 Margaret 和 Gerald Veeneman；我的丈夫 Steve；及我們的兒子 Eric。

 原理

　　幾個趨勢顯示，社會和學校對社會技能訓練的需要。首先，學校被要求除了傳統教學活動之外，要提供更多全面的服務。

其次，愈來愈多的成人擔任教導的角色，如父母、大哥哥或大姐姐，或建教合作的輔導員。人們已經認可和了解一對一關係對個體的力量，特別是在富挑戰或轉銜的時期。

第三，心理學者重新注意社會技能的重要。在Gardner（1983）有關多元智力的論文中，將內省和人際領域納為其中兩項智力。學校根據這個模型，在設計及實施新課程時，將這些技能優先列入（Boggeman, Hoerr, & Wallach, 1996）。Goleman（1995）在他的著作《情緒智力》（*Emotional Intelligence*），明確表示日常社會互動的關鍵本質，和早期的情緒學習會對一生習慣養成造成影響。

社會技能訓練經證實有助於青少年和成人預防未來問題和良好適應。在這新世紀，日常生活的複雜和壓力源的增加更甚於往昔，教育需要紮根於與他人建立周到尊重的關係。

本篇在這個方向提供一些建議；雖然簡要，但包括許多項目，可引導認真的讀者在教導社會技能時進一步探究。

定 義

請十位不同的專家定義社會技能，你將得到十個不同的答案。Gresham（1986）整理了許多定義的共同元素，將社會技能定義為「在一指定的情境裡，那些可預測重要的社會結果之行為」（p. 5）。這個定義涉及行為的角色、脈絡及成果。首先，社會技能是行為。請求幫忙、介紹自己、輪流發言及遵守規則等都是一些具體的社會技能。雖然行為有其認知和情緒的層次，但這討論超出本篇的範圍。就脈絡而言，我意指當社會技能發生時的條件（情境）。某個脈絡（如圖書館）可能建議輕聲問問題是可接受的，但在另一脈絡（如足球賽）可能建議大聲歡呼是可接受的。就結果而言，我意指同儕和成人對這一社會技能的反應。

 基本認識

1. 社會技能是習得的技能，可能是正面或負面的。

2. 社會技能與學業技能對人生的成功同等重要。

3. 社會技能訓練是為所有個體，不僅為那些行為過度或不及者。

4. 社會技能教導是一個持續的過程，融入日常生活，特別是當這行為發生時。

5. 社會技能可系統地教導但不容易類化。

6. 社會技能應該自幼兒即教導，以增進他們的社會—情緒發展，並預防未來的困難。

▲請舉例一情境，敘述個人生涯具備或缺乏社會技能的正面或負面影響。

_____

_____

 根據認識的練習

▶步驟一：定義該技能

多年來，教育工作者發現在定義技能時，應注重於個體的行動而不是個體的屬性。例如，想出許多情景以描述一名高中學生的冷漠或一名學前兒童的退縮。若要更精確，可以說該名高中學生在英語課不參加小組討論，或該名學前兒童不與他的同儕互動。如此常因模糊的用語導致或干擾學習或社會互動的該行為是難以測量的。例如，你無法測量運動精神的好壞，但你可測

量該隊成員祝賀對手或與對方隊員握手的次數。以可測量的方式定義該社會行為，就可追蹤其改善情形。精確地定義一行為有助於：(1)確定該行為發生與否；(2)根據這行為設定目標；和(3)朝該目標進步的情形。

▲閱讀下列每對描述社會技能的用語，在用具體用語定義行為的□裡打勾。

1. □在圓圈遊戲握手
　　□合作地遊戲

2. □讚賞他人並設法讓他們感到受歡迎
　　□要求一名新學生參加他的小組

3. □是一位非常友好、直率的人
　　□與他人目光接觸並說：「早安」

4. □向顧客展示商品樣本
　　□反應顧客的需要

5. □做出不敏銳和笨拙的評論
　　□說：「這是一個粗劣的想法」

6. □恃強凌弱，與他人對立並脅迫他人
　　□與人面對面站著並說：「照我說的做，否則……」

▲請將下列特質轉化成具體的社會行為，在每一特質之後寫出其的動作動詞。

特質	動作
快活的	
攻擊的	
粗魯的	
敏感的	
內向的	

快活的人之相關動作是「微笑」、「大笑」、「說笑話」。攻擊的一些相關

動作是「打人」、「踢人」、「打破窗戶」。定義個體構成侵略的行為是啟動改變計畫的第一步。

___

基本上，這個計畫在幫助個體發展正面技能（例如：向同儕問候致意、整理小組研究書桌），並且減少其他技能的次數（例如：打同學或鄰居、批評他人）。

▶步驟二：記錄和測量該社會技能

測量程序用於確定該行為在介入前的程度，以及該行為對於介入的反應。因為以對他人的影響來定義社會技能，故以他人的知覺構成測量過程的重要部分是合理的。三種測量社會技能的有用方法是：(1)成人和同儕的評定；(2)直接觀察；和(3)功能評量。

成人和同儕的評定

社會技能評定系統（Social Skills Rating System, SSRS）（Gresham & Elliott, 1990）可由教師、同儕或家長評定該生在這兩向度的社會技能：頻率和重要性。這個系統的結果顯示每一學生在每一技能的評定情形，而且每一學生的評定情形與全班有關。類似的量尺包括社會行為評量（Social Behavior Assessment）（Stephens, 1979）及社會能力量表（Scale of Social Competence）（Walker & McConnell, 1988）。在每一量表的手冊裡會就社會技能介入策略舉例說明。

▲請解釋為什麼成人的評定在測量社會技能是重要的。

直接觀察

　　使用直接觀察和仔細的紀錄，你可掌握行為發生的當下。記錄者在預定的時段記錄一社會技能的出現或頻率，Collins、Ault、Hemmeter 和 Doyle（1996）每十五秒記錄幼兒遊戲的主動出現。他們的記錄系統包括所有對該童主動反應孩子的名字。一個研究記錄社會行為的頻率，計數一位八年級學生隨意說話的次數（Broden, Hall, & Mitts, 1971）。

　　直接觀察的另一例子是，母親以定時器設定平均三十秒變化不同的時距。當定時器響時，她觀察七歲的女兒是否與五歲的弟弟分享美勞材料，母親每天記錄十次共三天的資訊，由於老師抱怨她女兒的的佔有慾強，很少與人分享她的所有物，母親在家的紀錄資料會支持或反駁這問題。如果這一問題發生在家裡，可採取步驟改正。

　　計數一社會行為的頻率，是記錄在一時段內（例如：日、節、下課）該行為發生的次數。

　　有時社會行為會在環境遺留他們的行動證據。學校牆上的塗鴉、打破的窗戶、撕毀的課本和遺留在教室裡的玩具，都留下了永久結果。例如，如果成人觀察到學生這種行為表現，撕毀課本的頁數可代表在介入前該行為的程度及嚴重性。同樣的結果（即撕毀的書頁）可用來確定在介入期間或之後，介入是否發生作用。雖然有些結果反映行為的程度，但它們不是都能提供像其他方法一樣的精確紀錄。一個困難是，無法確定這是誰做的（例如塗鴉）。也許是一位或多位學生在牆壁塗鴉。

　　Hall 和 Van Houten（1977）提出在自然情境容易且可靠地記錄行為的各種選擇。他們對測量和檢視社會技能的建議、資料表和圖示是有用的。

　　個體標準記錄系統的一個變化是反應差距評估法（Rhode, Jenson, & Reavis, 1992）。這個方法中，目標學生與隨機抽選的同性別同儕一起接受觀察。例如，記錄該目標學生在第一個十秒鐘的時距裡完成工作的情形，若在該時距裡完成工作則以一小點圖示，如果不是，則圖示一課堂不專注符號；在同一時距期間也觀察一位同儕，並記錄其行為。接著，觀察者記錄目標學生和另一位同儕的行為。這樣持續十五分鐘。因此，每十秒記錄目標學生和他的一

位同儕的行為。

相對於全班整體而言，這個記錄法的目的在估計一具體社會技能的程度。若目標學生完成工作的時距百分比是 42%，而他的同儕們為 89%；如此，顯示兩者的差距大和需要介入。將這些結果與目標學生討論，他會較客觀地覺察團體常模。文獻顯示，對團體常模的覺察是社會能力的一個主要向度（Putallaz & Gottman, 1982）。

附錄 A 和 B 是社會行為記錄表的樣本。附錄 A 的表格在觀察某一時間一行為發生與否，這些時間可由壁鐘、有鬧鈴的手錶、微波爐定時器或振動的傳呼器來提示。附錄 B 的表格在計數每一事例行為發生的次數。

▲ 就你關心某人的一項具體社會行為，選擇一直接觀察的方法並做記錄。

_____

_____

功能評量

另一類測量提供什麼事物或誰在維持這行為的線索。理念是，人們以反社會方式表現，是因為他們想從其中獲益；更技術地說，行為有其功能。例如，致遠在小學混齡教室發脾氣、丟東西。教師以紀錄器計數發脾氣的次數或發脾氣的持續時間量；這有助於描述這行為，但不一定能提供線索設計適當的介入。經蒐集一些其他資訊，譬如發脾氣之前及之後發生了什麼事，教師能藉此了解更多關於發脾氣的功能。

例如，教師可能了解，發脾氣與數學課和其他非學業課有關。教師也許獲悉，對致遠發脾氣的典型反應是，當他發脾氣時她和同學都停止工作並立刻注意致遠，單只這兩個事實就提供介入的方向。致遠發脾氣的目的可能在逃避不愉快或困難的工作或獲得教師和同學的注意。然後，教師會檢討數學課程的性質，或許實用的方法能幫助致遠了解概念。如果致遠沒有傷害自己

或他人，或許可故意不理會他的發脾氣行為。做了這兩項變動後，如果致遠的發脾氣減少了，這分析顯然是正確的。如果他繼續發脾氣，那麼教師需檢討致遠發脾氣的其他作用，例如感官回饋。

總之，為了解個體行為的作用，功能評量需要蒐集更多資料以做決定。然而，一旦辨認了這行為的功能，即可啟動較適當的和個別化的介入。附錄C是功能評量表樣本。更多關於實施功能評量的資訊，可參考 *Functional Analysis of Problem Behavior: A Practical Assessment Guide* （O'Neill, Horner, Albin, Storey, & Sprague, 1990）一書。

▶步驟三：建立目標

一旦定義了這技能後，下一步是與個體設定目標。建立目標本身就可改變行為，是參與個體所關心的，傳遞他所想的。

下列是建立目標的重要指引：

1. 目標要包含條件和通過標準。條件描述社會技能的情境（例如：「在使用同儕的所有物之前，該生會說『請』以導入具體要求」）。通過標準描述該技能要表現多好或多少次（例如：「每次該生使用同儕的所有物，在具體要求前先說『請』」）。

2. 要確定該生了解期待他表現的行為是什麼。通常，當參觀教室時，我會要學生說出他們本日、本星期或本月的目標。這可告訴我，該生是否知道對他的期待是什麼。如果該生不了解，那麼要澄清對他的期待。例如，描繪可接受社會技能的拍立得圖片可用來提示這項目標行為。

3. 確定該生覺察到他的行為。有時個體有這行為時間已久，無法覺察到他們出現這行為的頻率。可讓他們覺察到行為頻率的方法是，在你計數這行為的同時也讓他們計數一段時間。研究顯示，自我記錄有時足以改變行為（Broden, Hall, & Mitts, 1971）。

4. 選擇可掌握的行為。例如，想像你在教一名高中生訪問技能。你可先教一系列的行為：進入辦公室，問候訪談者和自我介紹。這些行為可以拍

成角色扮演情境的影片。在學生掌握了這些技能之後，再教訪問會話的元素，接著是結束語句和離開技能。

5. 蒐集社區、班級或職場規範的資訊。社會規範的變化很大，因此目標有其文化界限。在一個團體中可接受的行為也許在另外一個團體被輕視。所以，前述的系統譬如反應差距評估法，應該考慮到主流的準則。

6. 尋求常與個體互動的重要他人之參與。傾聽他人使該生接觸自然的社區增強更加確定，以維持這社會技能。

▲請參考下例，在空白線上寫出設定目標建議的項目：

目標是讓一位上課習慣遲到的七年級學生準時進教室。此目標是遵守班規及未來職場的工作期待。與該生的導師諮詢，以便增強他的準時行為。

_____

_____

▲設定一個目標，包括你先前指出所關心的社會技能之條件及通過標準。

條件（情境）：_____

_____

目標（包括你指出的原始行為）：_____

_____

通過標準：_____

_____

▶步驟四：教導社會技能

有許多課程可作為教導社會技能的指引（例如：Elliott & Gresham, 1991; McGinnis & Goldstein, 1984, 1990; Walker et al., 1983; Walker, Todis, Holmes, & Horton, 1988）。這些課程有效地描述許多具挑戰的行為，和系統教導替代行

為的諸多方式。許多行為反映成人關係、同儕關係、學校規則和班級行為。Carter 和 Sugai（1989）以及 Sugai 和 Fuller（1991）設計了一個評估和選擇社會技能課程的過程。當選擇了課程後，重要的是，學校同仁同意這課程並把它編入他們的日課表。

示範適當的社會技能

一名高中特教班的智能障礙學生一直見人就抱，不論陌生人或熟朋友。當他轉入融合班上生物課時，他很快發現其他年輕人厭惡擁抱。同學教他以擊掌問候打招呼替代擁抱。他觀察同儕的互動和示範反應。

新聞報導一位兩歲男孩在媽媽需要救助時撥 119 求救。他是從《芝麻街》的大鳥那裡，學會了在緊急狀況撥那個號碼的技巧。

不幸地，單只示範不一定都有效。對注意楷模的示範及學習表現所示範社會行為的人要常增強。多幾位楷模的示範比單靠一位楷模會有更好的結果。影片、錄影帶、電腦軟體、日常示範和故事都可提供相關的例子。其中有些方法刻畫非語言技能的細微差異，是成功教導社會技巧的核心（Duke, Nowicki, & Martin, 1996）。

分析和安排環境以提示社會技能

一個包含一、二年級學生的小組，以探討運輸工具作為小組調查的一部分。幾名小組成員為作業的完成共同努力（例如：從圖書館借一本卡車的書、用白塞木做一架模型飛機、畫小艇的圖片）。有許多合作方式鼓勵正面的同儕互動，例如拼圖法（Aronson & Patnoe, 1997）、合作課程（Johnson, Johnson, & Holubec,1994）及學生小組學習模式（Slavin, 1991）。

練習該社會技巧

行為演練提供在安全情境執行新社會技巧的機會，很像彩排一次戲劇或模擬訪談。人們演練技巧不會實際經驗到負面的行為結果（例如，如果他們無法提供適當的答覆，就會失去工作）。相反地，在角色情境，訓練者提供學生演練和磨練他們技能的回饋。

增強該社會技巧

　　與他人認真合作和遊戲、自願幫助同儕和接受批評，都是值得增強的社會行為。正面增強是一個行為出現後你所提供的任何東西，使這個行為可能再次發生。微笑、稱讚、款待、音樂、郊遊或特殊外出（例如：看棒球比賽或電影）的積分點數都是增強的例子。若該生朝向目標的好行為，應該立刻和熱心地給予增強物；若該生偏離目標的行為，則不給予增強物。例如，佩鈺的目標是排隊等待使用箱子裡的樂器。如果佩鈺安靜地等兩分鐘，老師就會稱讚她。老師會說：「佩鈺，我知道妳在等待輪到妳；妳可在幾分鐘內挑選一項樂器。」但是，如果佩鈺在等待時抱怨，故意不理會她的抱怨；如果她推擠，要她去後面重排。

　　持續和一致地提供正面增強，可幫助該生學會一項新的社會技巧或維持一項他已經學會的技巧。可參見第二冊第四篇「如何讓孩子朝我們期望的方向發展？──系統性注意與讚賞的應用」（即，系統性注意與讚賞），該篇對增強行為結果有較完整的討論。

▲描述你如何提示或增強你指出且作為你的目標的社會技巧。請務必表達下列這些考量：

1. 在哪裡可找到該社會技巧的適當楷模？＿＿＿＿＿＿＿＿＿＿＿＿＿＿＿

＿＿＿＿＿＿＿＿＿＿＿＿＿＿＿＿＿＿＿＿＿＿＿＿＿＿＿＿＿＿＿＿＿＿

2. 你怎麼將安排情境以提示該反應？＿＿＿＿＿＿＿＿＿＿＿＿＿＿＿＿＿

＿＿＿＿＿＿＿＿＿＿＿＿＿＿＿＿＿＿＿＿＿＿＿＿＿＿＿＿＿＿＿＿＿＿

3. 當該社會技巧發生時你將使用何種增強物？＿＿＿＿＿＿＿＿＿＿＿＿＿

＿＿＿＿＿＿＿＿＿＿＿＿＿＿＿＿＿＿＿＿＿＿＿＿＿＿＿＿＿＿＿＿＿＿

利用易教的片刻

　　教導社會技能最佳的確切時刻之一是不當行為發生時。機敏的成人能把這樣的場合變成矯正教學的互動。依照 *The Teaching: Family Handbook*（Phillips, Phillips, Fixsen, & Wolf, 1974）一書，教導互動的九個成分有：(1)表示喜愛；(2)初步稱讚；(3)敘述不當的行為；(4)敘述適當的行為；(5)提供基本原理；(6)要求確認；(7)練習和回饋；(8)提供行為結果；以及(9)提供一般稱讚。以下情境取自 *School Social Skills: A Teaching Approach to Schoolwide Discipline*（Wells, 1991），以說明這些步驟。

技巧：如何與打人招呼

　　這個場景開始時，學生和老師在大廳走廊彼此錯身而過。在最初不當的問候之後，該生注視著老師並依照下列所有指示適當地反應。

　　老師：（注視著學生，微笑）「早安（叫該生的名字）。」

　　學生：（把臉轉過去看別的地方，含糊地說）「嗨。」（持續地走）

　　老師：「（叫該生的名字），我要看到你一會兒，請。」

【矯正教學從這裡開始。】

表示喜愛

　　老師：（微笑，注視著學生，使用平靜的語氣）

初步稱讚

　　「（叫該生的名字），謝謝你走回到我面前。今天很高興在學校看到你！」

敘述不當的行為

　　「（叫該生的名字），剛才我向你打招呼，你回應了我的招呼，但低頭含糊地說『嗨』，就匆匆地走了。」

敘述適當的行為

「每當你與人打招呼時，你要注視著對方、微笑，然後給予完整的口頭問候，像：『早安，（叫對方的名字）！』並使用適當的語氣。」

基本原理

「打招呼是向他人表示問候，要友善且愉快地注視著對方，要讓對方有好的感受。」

要求確認

「你知道怎麼跟他人打招呼才能幫助你交到朋友嗎？」

學生：「是，我知道。」

老師：「好。跟他人打招呼有哪些步驟？」

學生：「注視著對方，微笑，以愉悅的語氣口頭問候。」

練習

老師：「這就對啦！我們來練習打招呼。我站在這裡。我要你後退幾步，然後再次朝著我走過來。這時，記住我們剛才說的那四個步驟。好了沒？」

學生：「好了！」

（學生後退，走近老師且適當地打招呼。）

「早安，（叫老師的名字）！」

老師：（微笑，溫和的語氣）

「早安，（叫學生的名字）！」

回饋

「練習得很好！你看著我、微笑、以愉悅的語氣口頭問候：『早安，（叫對方的名字）！』」

行為結果

「為了剛才你打招呼的問題,我們都晚進教室了,你也錯過了作文課。因此,你要帶作文回家做明天繳。但是,因為你打招呼練習得很好並接納我的意見,你的遲繳是可原諒的。」

學生:「謝謝!」

一般稱讚

老師:「我會替你寫個請假條……。」

▲**角色扮演實施矯正教導的互動**:與其他兩人(例如:家庭成員、輔導員、同事)合作扮演上述的例子,分別扮演老師、學生和紀錄員等角色。老師和學生讀他們各自的劇本,紀錄員則在角色扮演完後,檢查教導互動的各個成分。

☐表示喜愛

☐初步稱讚

☐敘述不當的行為

☐敘述適當的行為

☐基本原理

☐要求確認

☐練習

☐回饋

☐提供行為結果

☐提供一般稱讚

這次扮演結束後,設定你自己教導互動的角色扮演情境,並變換與第一次角色扮演不同的角色。在角色扮演前,你們三位可協調合作編劇本。

首先,設定場景。在場景一開始,該生＿＿＿＿＿＿＿＿＿＿＿＿＿＿＿＿

成人的反應是＿＿＿＿＿＿＿＿＿＿＿＿＿＿＿＿＿＿＿＿＿＿＿＿

該生的反應是＿＿＿＿＿＿＿＿＿＿＿＿＿＿＿＿＿＿＿＿＿＿＿＿

其次，給下列教導互動的每一成分舉例：

表示喜愛＿＿＿＿＿＿＿＿＿＿＿＿＿＿＿＿＿＿＿＿＿＿＿＿＿＿

初步稱讚＿＿＿＿＿＿＿＿＿＿＿＿＿＿＿＿＿＿＿＿＿＿＿＿＿＿

敘述不當的行為＿＿＿＿＿＿＿＿＿＿＿＿＿＿＿＿＿＿＿＿＿＿＿

＿＿＿＿＿＿＿＿＿＿＿＿＿＿＿＿＿＿＿＿＿＿＿＿＿＿＿＿＿＿

敘述適當的行為＿＿＿＿＿＿＿＿＿＿＿＿＿＿＿＿＿＿＿＿＿＿＿

＿＿＿＿＿＿＿＿＿＿＿＿＿＿＿＿＿＿＿＿＿＿＿＿＿＿＿＿＿＿

基本原理＿＿＿＿＿＿＿＿＿＿＿＿＿＿＿＿＿＿＿＿＿＿＿＿＿＿

＿＿＿＿＿＿＿＿＿＿＿＿＿＿＿＿＿＿＿＿＿＿＿＿＿＿＿＿＿＿

要求確認＿＿＿＿＿＿＿＿＿＿＿＿＿＿＿＿＿＿＿＿＿＿＿＿＿＿

＿＿＿＿＿＿＿＿＿＿＿＿＿＿＿＿＿＿＿＿＿＿＿＿＿＿＿＿＿＿

練習＿＿＿＿＿＿＿＿＿＿＿＿＿＿＿＿＿＿＿＿＿＿＿＿＿＿＿＿

＿＿＿＿＿＿＿＿＿＿＿＿＿＿＿＿＿＿＿＿＿＿＿＿＿＿＿＿＿＿

回饋＿＿＿＿＿＿＿＿＿＿＿＿＿＿＿＿＿＿＿＿＿＿＿＿＿＿＿＿

＿＿＿＿＿＿＿＿＿＿＿＿＿＿＿＿＿＿＿＿＿＿＿＿＿＿＿＿＿＿

提供行為結果＿＿＿＿＿＿＿＿＿＿＿＿＿＿＿＿＿＿＿＿＿＿＿＿

＿＿＿＿＿＿＿＿＿＿＿＿＿＿＿＿＿＿＿＿＿＿＿＿＿＿＿＿＿＿

提供一般稱讚＿＿＿＿＿＿＿＿＿＿＿＿＿＿＿＿＿＿＿＿＿＿＿＿

既然你們已寫了劇本，就要執行這些部分，並由紀錄員注意各個成分是否完成。恭喜你們自己設計和演練角色扮演！

　　Carter 和 Sugai（1989）列出社會技能教學策略的多種優缺點。他們認為綜合幾種技術，比只使用一種技術效果更好。

▲舉出一個例子：同時用兩個或兩個以上的社會技能實務教導，教一名二年級學生練習歡迎班上一位新同學。

―――――――――――――――――――――――――――――――

―――――――――――――――――――――――――――――――

▶ 步驟五：減少不當的社會技能

　　經由提示和增強正向社會技能，負向行為較不可能顯現出來。並且，藉由調和會觸發負向行為的家庭、學校和社區等因素，並藉由較小的調整，有時行為會改善。然而儘管有這些方法，有時負向行為佔上風，而且因為該童負向社會行為的干擾，而難以教導一個新技巧。所以，在這些情況，必須直接處理負向行為。

對不相容行為的差別增強

　　處理負向行為最積極的方法是，教導可接受的行為使負向行為無法同時發生。例如，麗平是四年級生，在操場掌摑一位同學。若教導和增強麗平雙手運球，她就難以同時雙手運球和掌摑某人。技術上，這方法叫做對不相容行為的差別增強（differential reinforcement of an incompatible behavior），或簡稱 DRI。

▲運用 DRI 法，在負向行為旁邊寫下可以取代它的正面行為。

負向行為	正面行為
用鉛筆大聲地敲打桌面	――――――――
	――――――――
因與同學衝突而發脾氣	――――――――

負向的自我陳述 _____

_____

_____

暫停正面增強

　　許多方法，譬如隔離、過度矯正或扣除點數或特權，經證明可有效減少或消除負向行為。隔離乃指停止給予正增強的時間。該生在表現不當行為之後，將他安置在一個區域一小段時間（例如：三到十分鐘）。重要的是，隔離區要徹底隔離，相對地活動區要充滿興趣和增強。在該生表現不當行為之前，應該對他解釋隔離區。例如，老師說：「詠薇，如果妳今天打了曼菁，妳就要去坐在旁邊的椅子。」然後，當詠薇打了曼菁，老師就叫她去坐在椅子上，並告訴她當計時器響了才能起來。使用計時器有助於提醒結束隔離的時間到了，因為：(1)你可能忘記結束的時間到了；而且(2)該童就不會藉由詢問：「我現在能離開嗎？」來討價還價。隔離似乎是有效的，因為(1)表現不當行為的行為結果清楚而一致；(2)因表現不當行為而剔除增強；並且(3)他們的同儕學到這行為是不可接受的。但是實際上，有些個體喜歡他們所受到的隔離和其空間。在介入期間持續記錄，看這行為是否改善，並且隔離是否有其預期的效果。更多與此議題有關的討論，可參見第三冊第一篇「除了懲罰，難道別無他法？──隔離策略的應用」。

過度矯正

　　過度矯正的一種形式稱為正面練習（positive practice），亦即在不當行為發生之後立即練習適當的行為。例如，如果該生在鈴響前跑出教室，就要求他必須坐下，然後用走的離開，練習五次。另一種形式的過度矯正稱為復原性（restitution），因為個體要為他們的行為做補償。一項研究（Azrin & Wesolowski, 1974）處理在學校的偷竊，竊賊除了必須退回竊取的東西外，還要歸還以前搶奪的其他東西。過度矯正教導適當的技能（例如：向被你傷害的人道歉），並且誇張的練習對改變行為很有效。對這種方法反應最好的學生是

那些遵守指示的。對不遵守指示的學生，必須透過行動完全用肢體引導他。這種引導式練習可能不適用於一般教室情況。

自負其責

學生可能因負向行為而喪失某些事物以示受罰。司機因超速被停職而損失一些收入。換句話說，要為他自己的行為（例如：超速）付出代價。在類似情況，學生學習到，某些干擾學習的行為將被處罰。例如，學生可能因正向社會行為贏得代幣，卻因干擾團體或打架而被扣代幣。該生在表現出反社會行為後被扣除固定數額的代幣（例如：二十個代幣）。在使用這做法時有兩點要注意，你必須確定：(1)個體有足夠的代幣供扣除；及(2)扣除代幣時不會爆發其他的憤怒或抗爭。這必須是一種務實的交易。採取此做法時的其他考量，可參見第四冊第四篇「如何使孩子對自己的行為負責？——自負其責策略的應用」。

▶步驟六：評估社會技能

一旦習得了新行為，你需要定期地檢查以確定它的強度。同樣地，在減少或消除一行為以後，你也需要檢視它。評估你的方法的主要原因，在於了解它是否持續對你的孩子、學生或員工有用。

Elliott 和 Gresham（1991）提供了對「社會技能介入進步檢視紀錄」的一個優秀例子。進步評估注意到一技巧是否停滯不前、已改善、已熟練、和已類化。這些決定可由成人的筆記、工作日記、訪談、錄影、社區成員的回饋或較正式的直接觀察獲得。

繪製行為圖表是偵測隨時間的改變及檢視進步情形最佳的方式之一。圖或表提供「行為對介入如何反應」的一個清楚看法。

缺乏某種評估，你將無法說出你的介入是否成功。更重要的是，你無法追求一種新方法，也無法扭轉不當社會技能的週期循環。

▲在行為圖上填入姓名、情境和行為定義等相關資訊。在附錄 D 的圖表上連記前三天的三個資料點或你計劃教導社會技巧的起點。連接這三點並回答下列問題：

1. 這行為是需要介入嗎？　是□　否□

2. 根據這三個資料點你的目標是什麼？＿＿＿＿＿＿＿＿＿＿＿＿＿＿

＿＿＿＿＿＿＿＿＿＿＿＿＿＿＿＿＿＿＿＿＿＿＿＿＿＿＿＿＿＿

▲在第三節和第四節之間由上而下畫出一條垂直線。在你引介社會技巧介入方案後，從第四節起連續記錄三天的資料點。

1. 這行為停滯不前、改善或惡化？＿＿＿＿＿＿＿＿＿＿＿＿＿＿＿

＿＿＿＿＿＿＿＿＿＿＿＿＿＿＿＿＿＿＿＿＿＿＿＿＿＿＿＿＿＿

2. 為了達成你的目標，你考慮採取什麼行動去發展新的或繼續此進展。

你會以現有的方式繼續介入嗎？　是□　否□

你會改變介入方式嗎？　是□　否□

如果是，請敘述你要嘗試的具體介入計畫。＿＿＿＿＿＿＿＿＿＿＿

＿＿＿＿＿＿＿＿＿＿＿＿＿＿＿＿＿＿＿＿＿＿＿＿＿＿＿＿＿＿

▶步驟七：擴大社會技能

　　雖然本步驟是最後一個步驟，你在選擇一項技巧或目標時仍需要考慮這些策略。研究顯示，社會技能不會自動地轉移到新的人物和新的地方。但是，仍有方式可增加機會，讓這新技能跨越時間、在不同的人和不同的情境出現。當這發生了，我們說這技巧類化了。我們能以下列方式教導類化。

1. 讓具有社會能力的同儕參與，他們在介入時可增強且示範適當的社會技能。雖然單只接觸並不足夠，但透過一再的正面互動和追求共同興趣的機會，可發展和維持友誼。Mannix（1995）描述了諸多方式，可以促進有特殊需求之中學生的交友技能。

2. 不只在一個情境裡訓練。如果你限制只在單一情境訓練，這行為將只在那個情境表現。但是，如果你在幾個情境教導這社會技巧，這行為就可能轉移到更多情境。

3. 所選擇的目標行為要能導入自然的社區增強。教導孩子讚美他人或教導孩子邀請同儕分享玩具，是兩項可從他人獲得正向反應的行為。以後在類似的情況會相互讚美或分享。Alber 和 Heward（1996）提供了其他方式以誘導學生成功參與社團活動，像樂團、校園安全巡邏和烹飪社等。這些學生從同儕和成人的正面回饋，學會合作、協商和提供援助。

4. 直接在需要表現社會技巧的情境中介入。如果問題發生在操場，那就必須在操場介入。如果發生在自助餐廳，在自助餐廳提供介入優於在教室或輔導室等其他情境。

5. 與其他成人一同協調努力。例如，你可給學生社會技能的家庭作業，讓學生有機會在家裡或社區練習新學會的技能。其他的選擇如設計一行為契約或提供社會技能的每日成績報告卡給學生和他們的父母。

6. 教導和要求孩子自我管理自己的行為。適用於社會技能的自我管理成分有自我檢視、自我記錄、自我教導、目標設定和自我評價。在McGinnis和 Goldstein（1984）教導正向社會技能的指引中，提供小學兒童自我記錄的優秀想法和格式。

7. 儘可能多使用例子和楷模，而且以觀察他人、觀看序列的錄影帶或書上的標記例證，教導該生說出適當和不當的社會技能間的差別。使用多個例子，該童就不會狹窄地定義這行為。Mannix（1986）設計了一本工作手冊，用在教導團體活動中重要的社會行為，例如：尋求幫助和處理教室衝突。要求學生將一張笑臉貼在適當行為（例如：「再讀一次指導語」）的插圖邊，並且將一張哭臉貼在不當行為（例如：「一直喊叫直到老師過來看你」）的插圖旁。

▲在下列情節中，除了訓練情境之外，哪些有用的方法可促進擴大社會技能？
一位四歲女孩正在自己玩電腦遊戲。她的六歲哥哥走近她想要用電腦。

_____

_____

▲就你在教導某人的情境，有哪些方法可促進社會技能的類化？

_____

_____

結語

　　在個人的生活和關係方面，沒有比社會技能更重要的。本篇總結了教導社會技巧的許多方式。好消息是，任何人都能教導社會技能。當鄰居、公車司機或哥哥示範禮貌行為；當校長、伯母或教練稱讚孩子公平地遊戲；當團體家庭諮商員使用正面練習作為孩子違規的行為結果等，這些都是在教導社會技能。本篇只是簡短的概述，可以後列的參考文獻與延伸閱讀來補充。

　　由於社會技能的相互本質，它們的習得增強了老師，也增強了被教導的孩子。在閱讀本書和練習反應，每次持續循環的行動：孩子說「請」或「謝謝」，我說「謝謝」。祝福你將這些想法化成實際。尋求其他人協助你，也與其他人分享你的成功。

附錄 A
行為發生記錄表

姓　　名：＿＿＿＿＿＿＿＿　　日　　期：＿＿＿＿＿＿＿＿＿

觀 察 者：＿＿＿＿＿＿＿＿　　情　　境：＿＿＿＿＿＿＿＿＿

開始時間：＿＿＿＿＿＿＿＿　　停止時間：＿＿＿＿＿＿＿＿＿

社會行為：＿＿＿＿＿＿＿＿＿＿＿＿＿＿＿＿＿＿＿＿＿＿＿＿

觀察時間	該行為是否發生？	評論
	是□　否□	
	是□　否□	
	是□　否□	
	是□　否□	
	是□　否□	
	是□　否□	
	是□　否□	
	是□　否□	
	是□　否□	
	是□　否□	
	是□　否□	
	是□　否□	

百分比的計算如下：

$$\frac{\text{答「是」的總數}}{\text{觀察時間的總數}}$$

附錄 B
行為次數記錄表

姓　　名：＿＿＿＿＿＿＿＿＿＿　　日　　期：＿＿＿＿＿＿＿＿＿

觀 察 者：＿＿＿＿＿＿＿＿＿＿　　情　　境：＿＿＿＿＿＿＿＿＿

開始時間：＿＿＿＿＿＿＿＿＿＿　　停止時間：＿＿＿＿＿＿＿＿＿

社會行為：＿＿＿＿＿＿＿＿＿＿＿＿＿＿＿＿＿＿＿＿＿＿＿＿＿＿

次數	對誰的行為（若可能，寫姓名）
＿＿＿＿	＿＿＿＿＿＿＿＿＿＿＿
＿＿＿＿	＿＿＿＿＿＿＿＿＿＿＿
＿＿＿＿	＿＿＿＿＿＿＿＿＿＿＿
＿＿＿＿	＿＿＿＿＿＿＿＿＿＿＿
＿＿＿＿	＿＿＿＿＿＿＿＿＿＿＿
＿＿＿＿	＿＿＿＿＿＿＿＿＿＿＿
＿＿＿＿	＿＿＿＿＿＿＿＿＿＿＿
＿＿＿＿	＿＿＿＿＿＿＿＿＿＿＿
＿＿＿＿	＿＿＿＿＿＿＿＿＿＿＿
＿＿＿＿	＿＿＿＿＿＿＿＿＿＿＿

附錄 C
功能評量表

姓　　名：＿＿＿＿＿＿＿＿＿　　日　　期：＿＿＿＿＿＿＿＿＿＿

觀 察 者：＿＿＿＿＿＿＿＿＿　　情　　境：＿＿＿＿＿＿＿＿＿＿

開始時間：＿＿＿＿＿＿＿＿＿　　停止時間：＿＿＿＿＿＿＿＿＿＿

社會行為：＿＿＿＿＿＿＿＿＿＿＿＿＿＿＿＿＿＿＿＿＿＿＿＿＿＿

時間	活動	觸發事件	行為結果	評論

附錄 D
繪製行為圖表樣本

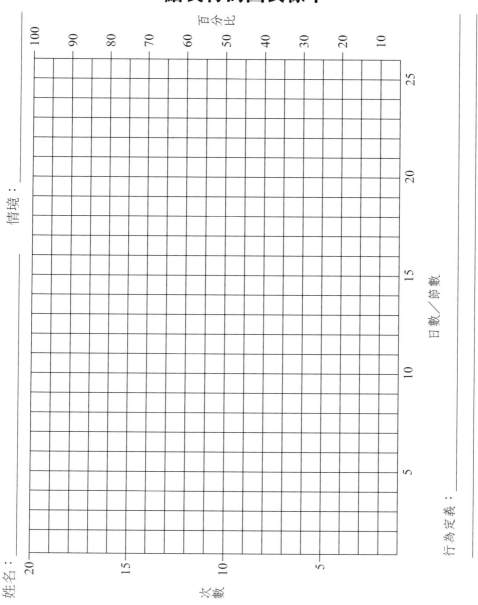

姓名：

情境：

行為定義：

百分比 100 90 80 70 60 50 40 30 20 10

日數／節數 25 20 15 10 5

次數 20 15 10 5

中文版由心理出版社於 2011 年出版

參考文獻與延伸閱讀

Alber, S. R., & Heward, W. L. (1996). "Gotcha!" Twenty-five behavior traps guaranteed to extend your students' academic and social skills. *Intervention in School and Clinic, 31*(5), 285–289.

Aronson, E., & Patnoe, S. (1997). *The jigsaw classroom* (2nd ed.). New York: Addison-Wesley.

Azrin, N. H., & Besalel, V. (1980) *How to use positive practice*. Austin, TX: PRO-ED.

Azrin, N. H., & Wesolowski, M. D. (1974). Theft reversal: An overcorrection procedure for eliminating stealing by retarded persons. *Journal of Applied Behavior Analysis, 7*, 577–581.

Boggeman, S., Hoerr, T., & Wallach, C. (1996). *Succeeding with multiple intelligences: Teaching through the personal intelligences*. St. Louis, MO: The New City School.

Broden, M., Hall, R. V., & Mitts, B. (1971). The effect of a self-recording on the classroom behavior of two eighth-grade students. *Journal of Applied Behavior Analysis, 4*, 191–199.

Brown, L. J., Black, D. D., & Downs, J. C. (1984). *School social skills manual*. New York: Slosson Educational.

Carter, J., & Sugai, G. (1989, Fall). Social skills curriculum analysis. *Teaching Exceptional Children*, pp. 36–39.

Cartledge, G., & Milburn, J. F. (1995). *Teaching social skills to children: Innovative approaches* (3rd ed.). Needham Heights, MA: Allyn & Bacon.

Collins, B. C., Ault, M. J., Hemmeter, M. L., & Doyle, P. M. (1996). Come play! Developing children's social skills in an inclusive preschool. *Teaching Exceptional Children, 29*(1), 16–21.

Duke, M. P., Nowicki, S., & Martin, E. A. (1996). *Teaching your child the language of social success*. Atlanta: Peachtree.

Elliott, S. N., & Gresham, F. M. (1991). *Social skills intervention guide: Practical strategies for social skills training*. Circle Pines, MN: American Guidance Service.

Gardner, H. (1983). *Frames of mind*. New York: Basic Books.

Goldstein, A. P., Sprafkin, R. P., Gershaw, M. J., & Klein, P. (1980). *Skillstreaming the adolescent: A structured learning approach to teaching prosocial skills*. Champaign, IL: Research Press.

Goleman, D. (1995). *Emotional intelligence*. New York: Bantam Books.

Gresham, F. M. (1986). Conceptual and definitional issues in the assessment of children's social skills: Implications for classification and training. *Journal of Clinical Child Psychology, 15*(1), 3–15.

Gresham, F. M., & Elliott, S. (1990). *The Social Skills Rating System*. Circle Pines, MN: American Guidance Service.

Hall, R. V., & Hall, M. C. (1998a). *How to use systematic attention and approval* (2nd ed.). Austin, TX: PRO-ED.

Hall, R. V., & Hall, M. C. (1998b) *How to use time out* (2nd ed.). Austin, TX: PRO-ED.

Hall, R. V., & Van Houten, R. (1977). *Managing behavior: Part 1, Measurement of behavior*. Austin, TX: PRO-ED.

Howell, K. W., & Caros, J. S. (1992). The application of curriculum-based evaluation to social skills. *Diagnostique, 18*(1), 53–68.

Jackson, J. F., Jackson, D. A., & Monroe, C. (1983). *Getting along with others: Teaching social effectiveness to children*. Champaign, IL: Research Press.

Johnson, D. W., Johnson, R. T., & Holubec, E. J. (1994). *Cooperative learning in the classroom*. Alexandria, VA: Association for Supervision and Curriculum Development.

Kratochwill, T. R., & French, D. C. (1984). Social skills training for withdrawn children. *School Psychology Review, 13,* 331–337.

Lewis, T. J. (1994). A comparative analysis of the effects of social skill training and teacher-directed contingencies on social behavior of preschool children with disabilities. *Journal of Behavioral Education, 4*(3), 267–281.

Lewis, T. J. (1996). Functional assessment of problem behavior: A pilot investigation of the comparative and interactive effects of teacher and peer social attention on students in general education settings. *School Psychology Quarterly, 11*(1), 1–19.

Mannix, D. (1986). *I can behave*. Austin, TX: PRO-ED.

Mannix, D. (1995). *Life skills activities for secondary students with special needs*. West Nyack, NY: The Center for Applied Research in Education.

McConnell, S. R. (1987). Entrapment effects and the generalization and maintenance of social skills training for elementary school students with behavioral disorders. *Behavioral Disorders, 12,* 252–263.

McGinnis, E., & Goldstein, A. P. (1984). *Skillstreaming the elementary school child: A guide for teaching prosocial skills*. Champaign, IL: Research Press.

McGinnis, E., & Goldstein, A. P. (1990). *Skillstreaming in early childhood*. Champaign, IL: Research Press.

O'Neill, R., Horner, R., Albin, R., Storey, K., & Sprague, J. (1990). *Functional analysis of problem behavior: A practical assessment guide*. Sycamore, IL: Sycamore.

Phillips, E. L., Phillips, E. A., Fixsen, D. L., & Wolf, M. M. (1974). *The teaching–family handbook* (rev. ed.). Lawrence: University of Kansas Printing Service.

Putallaz, M., & Gottman, J. (1982). Conceptualizing social competence in children. In P. Karoly & J. J. Steffan (Eds.), *Improving children's competence: Advances in child behavior analysis and therapy* (Vol. 1, pp. 1–33). Lexington, MA: Lexington Books.

Rhode, G., Jenson, W. R., & Reavis, H. K. (1992). *The tough kid book*. Longmont, CO: Sopris West.

Slavin, R. E. (1991). *Student team learning* (3rd ed.). Washington, DC: National Education Association.

Stephens, T. M. (1979) *Social Behavior Assessment*. Columbus, OH: Cedars Press.

Strain, P. S., Guralnick, M. J., & Walker, H. M. (Eds.) (1986). *Children's social behavior*. Orlando, FL: Academic Press.

Sugai, G., & Fuller, M. (1991). A decision model for social skills curriculum analysis. *Remedial and Special Education, 12,* 33–42.

Sugai, G., & Lewis, T. J. (1996). Preferred and promising practices for social skills instruction. *Focus on Exceptional Children, 29*(4), 1–16.

Thibadeau, S. (1998). *How to use response cost*. Austin, TX: PRO-ED.

Walker, H. M., & McConnell, S. R. (1988). *The Walker–McConnell Scale of Social Competence and School Adjustment: A social skills rating scale for teachers*. Austin, TX: PRO-ED.

Walker, H. M., McConnell, S., Holmes, D., Todis, B., Walker, J., & Golden, N. (1983). *The Walker Social Skills Curriculum: The ACCEPTS program.* Austin, TX: PRO-ED.

Walker, H. M., Todis, B., Holmes, D., & Horton, G. (1988). *Adolescent curriculum for communication and effective social skills: The ACCESS program.* Austin, TX: PRO-ED.

Wells, P. L. (1991). *School social skills: A teaching approach to schoolwide discipline.* Unpublished manuscript.

筆記欄

筆記欄

筆記欄

筆記欄

筆記欄

國家圖書館出版品預行編目（CIP）資料

管教孩子的 16 高招.第一冊，如何培養孩子
良好的行為／ S. Striefel 等作；盧台華等譯.
-- 二版.--臺北市：心理，2011.1
面；　公分.--（輔導諮商系列；21093）
ISBN 978-986-191-397-1（平裝）

1.親職教育　2.子女教育

528.2　　　　　　　　　　　　　　99020113

輔導諮商系列 21093

管教孩子的 16 高招（第二版）（第一冊）
如何培養孩子良好的行為

作　　者：S. Striefel, R. V. Hall, M. L. Hall, T. Ayllon, & M. V. Panyan
主　　編：吳武典
譯　　者：盧台華、張正芬、邱紹春、周天賜
執行編輯：高碧嵘
總 編 輯：林敬堯
發 行 人：洪有義
出 版 者：心理出版社股份有限公司
地　　址：台北市大安區和平東路一段 180 號 7 樓
電　　話：(02) 23671490
傳　　真：(02) 23671457
郵撥帳號：19293172　心理出版社股份有限公司
網　　址：http://www.psy.com.tw
電子信箱：psychoco@ms15.hinet.net
駐美代表：Lisa Wu（Tel：973 546-5845）
排 版 者：臻圓打字印刷有限公司
印 刷 者：正恒實業有限公司
初版一刷：1994 年 8 月
二版一刷：2011 年 1 月
I S B N：978-986-191-397-1
定　　價：新台幣 150 元